ÉNÉ VIVIANI

Collection républicaine socialiste

République Travail

PAR

RENÉ VIVIANI

DISCOURS PRONONCÉS
à la
CHAMBRE DES DÉPUTÉS & AU SÉNAT

I. Loi des Associations. — II. La Réforme de l'Enseignement. — III. Le Ministère du Travail. — IV. Encore le Ministère du Travail.

…tions
…éraires
Scientifiques
Sociales.
PARIS
…ace de l'Odéon, 5

République -:- Travail

NÉ VIVIANI

Collection républicaine socialiste

République Travail

PAR

RENÉ VIVIANI

DISCOURS PRONONCÉS
à la
CHAMBRE DES DÉPUTÉS & AU SÉNAT

I. Loi des Associations. — II. La Réforme de l'Enseignement. — III. Le Ministère du Travail. — IV. Encore le Ministère du Travail.

1907
A
RAISON
Société d'Éditions
Littéraires
Scientifiques
Sociales.
PARIS
place de l'Odéon, 5

NOTE DE L'ÉDITEUR

M. René Viviani, ministre du Travail et de la Prévoyance sociale, a bien voulu nous autoriser à réunir en volume quatre des grands discours qu'il a prononcés au Parlement, comme député ou comme ministre. Ce sont, de l'aveu de tous, des modèles d'argumentation serrée et d'éloquence précise, nerveuse. Pas de verbiage sonore et encombrant ; mais des idées, des raisons, qui portent en elles-mêmes une extraordinaire puissance d'émotion. Chacun de ces discours fut l'occasion, pour l'orateur, d'un triomphe parlementaire. On n'a pas oublié l'enthousiasme que provoqua, à la Chambre et dans le pays, l'admirable exposé que fit le jeune ministre, des devoirs du gouvernement et du parlement républicain envers ces hommes qui demandent un peu de justice sur terre, parce que nous leur avons dit que le ciel est vide de justice. De telles pages méritent mieux que les honneurs mêmes de l'affichage (qui fut voté pour ce discours sur le ministère du Travail, 9 novembre 1906) ; elles doivent être conservées et relues comme un inoubliable témoignage des engagements de la République à l'égard de la démocratie ouvrière.

D'ailleurs, le livre de René Viviani en main, nous pourrons dire à certains adversaires — et c'est pour cela que ce recueil de Discours a sa place dans notre collection rationaliste et socialiste — que si le socialisme énonce d'abord un programme de revendications économiques, il entend pourtant proposer des solutions pour tous les grands problèmes politiques et sociaux : rapports de l'Église ou de la Congrégation avec l'État enseignement public, collaboration de tous les républicains à l'œuvre démocratique. Un tel socialisme, c'est la République dans son développement logique et dans sa marche ferme et sûre.

INTRODUCTION

INTRODUCTION

CRÉATION DU MINISTÈRE DU TRAVAIL

Ministère Clémenceau

Le 25 octobre 1906, le ministère Clémenceau fut constitué, et les décrets relatifs au nouveau ministère furent publiés, à la date du 26, au *Journal Officiel.*

Par le premier, contresigné par M. Sarrien, président du Conseil, ministre de la Justice, M. Clémenceau, sénateur, ministre de l'Intérieur, était nommé président du Conseil.

Tous les autres décrets étaient contresignés par M. Clémenceau en qualité de président du Conseil.

Aux termes de ces décrets :

M. Guyot-Dessaigne, député, était nommé garde des Sceaux, ministre de la Justice ;

M. Stephen Pichon, sénateur, ministre des Affaires étrangères ;

M. Caillaux, député, ministre des Finances ;

M. le général de division Picquart, ministre de la Guerre ;

M. Thomson, député, ministre de la Marine ;

M. Aristide Briand, député, ministre de l'Instruction publique, des Beaux-Arts et des Cultes ;

M. Barthou, député, ministre des Travaux publics, des Postes et Télégraphes ;

M. Gaston Doumergue, député, ministre du Commerce et de l'Industrie ;

M. Ruau, député, ministre de l'Agriculture ;

M. Milliès-Lacroix, sénateur, ministre des Colonies.

M. Viviani, député, ministre du Travail et de la Prévoyance sociale ;

Quatre autres décrets instituaient les sous-secrétaires d'État ;

M. Albert Sarraut, député, sous-secrétaire d'État au ministère de l'Intérieur ;

M. Henry Chéron, député, sous-secrétaire d'État au ministère de la Guerre ;

M. Dujardin-Beaumetz, député, sous-secrétaire d'État au ministère de l'Instruction publique, des Beaux-Arts et des Cultes ;

M. Simyan, député, sous-secrétaire d'État au ministère des Travaux publics, des Postes et des Télégraphes.

Décret constituant le Ministère du Travail

La constitution du ministère Clémenceau fut un grand événement politique, non seulement par l'accession à la présidence du Conseil de l'un des plus puissants écrivains et orateurs de la République, mais encore par la création d'un ministère spécial du Travail, dont M. René Viviani fut le premier titulaire.

Le *Journal Officiel* du 26 octobre publia à ce sujet le rapport, suivant adressé par le président du Conseil au président de la République.

Paris, 25 octobre 1906.

Monsieur le Président,

En vous soumettant, à titre de projet, la création d'un ministère du Travail, le Gouvernement s'est proposé de réaliser une réforme accomplie déjà en certains pays et réclamée depuis près d'un demi-siècle par la démocratie française. S'il est bon, en effet, de rappeler que le ministère du Travail existe déjà en Belgique et en Nouvelle-Zélande, on ne saurait oublier que l'initiative au moins théorique de cette création est due à la République de 1848. C'est Louis Blanc qui demanda à l'Assemblée constituante d'instituer un ministère du Progrès et du Travail. Emportée par la réaction politique de 1849, cette proposition ne fut pas discutée. Elle fut reprise en 1856 par M. Camille Raspail, sans succès. M. Vaillant et quelques-uns de ses collègues la présentèrent à nouveau en 1894, en 1898, en 1903, avec des justifications nouvelles. A son tour, M. l'abbé Lemire s'en déclara partisan. Enfin, au Sénat, la Commission des finances, dans le rapport spécial du ministère de l'Intérieur pour l'exercice 1906, donna son adhésion explicite à l'institution d'un ministère du Travail.

A la vérité, le ministère du Travail n'est pas à créer, il existe à l'état dispersé, sous espèces de services rattachés à des ministères différents et qui, pour le plus grand dommage de l'administration et de l'action gouvernementale, n'ont entre eux aucun lien de vie. Il s'agit donc simplement de constituer le nouvel organisme par la réunion de parties préexistantes, ou, en d'autres termes, de réunir des services épars pour former une administration distincte.

Le ministère du Travail doit grouper tout ce qui concerne :

a) La réglementation du Travail (heures de travail, repos, hygiène et sécurité, etc.);

b) Les relations entre employeurs et employés (contrat de travail, associations professionnelles, différends collectifs et conciliation, etc.);

c) Les conditions d'existence des travailleurs en cas de maladie, d'accident du travail, de chômage, d'invalidité, de vieillesse, et en général les institutions d'épargne et de prévoyance qui les intéressent plus particulièrement ;

d) Les statistiques et les enquêtes relatives à tous ces objets.

En un mot, le ministère doit s'occuper de tout ce qui concerne les travailleurs, envisagés comme tels, c'est-à-dire comme liés par un contrat de travail envers d'autres personnes ; dans ses attributions doit rentrer la formation de ce contrat, ainsi que les conditions dans lesquelles il doit s'exécuter pour ne pas compromettre ni la santé, ni la sécurité du travailleur. En même temps, il doit chercher à ménager, à celui qui n'a à sa disposition que sa force de travail, les moyens de subsister quand celle-ci vient à lui faire défaut momentanément ou définitivement. Les ouvriers de l'industrie ne rentrent d'ailleurs pas seuls dans cette définition du travailleur ; elle comprend les employés de l'industrie et du commerce ; elle comprend enfin les ouvriers de l'agriculture, qui, après s'être longtemps tenus à l'écart du mouvement syndical, paraissent de plus en plus disposés à faire appel aux facultés que leur offre la loi de 1884 pour la défense de leurs intérêts professionnels. Par contre, restent en dehors de l'action du ministère du Travail, tel que nous venons de le définir, les conditions économiques de la production et de l'échange, le commerce, l'industrie et l'agriculture proprement dits.

Nous vous proposons, en conséquence, de composer comme suit le nouveau ministère du Travail.

Il comprendrait les deux directions qui, dans l'ancien ministère du Commerce, de l'Industrie et du Travail, s'occupaient des questions de travail et de prévoyance:

La Direction du Travail et la Direction de l'assurance et de la prévoyance sociales.

A ces deux directions s'ajouteraient la Direction de la mutualité, distraite du ministère de l'Intérieur, et la partie du Service des mines, actuellement au ministère des Travaux publics, qui a pour objet la réglementation du Travail dans les exploitations minières, les secours de maladies et les retraites des ouvriers mineurs.

On s'est demandé s'il ne conviendrait pas de rattacher entièrement au nouveau ministère le Service des mines. Mais, en dehors des questions de travail proprement dites, le Service des mines s'occupe des recherches de mines, des concessions, des redevances, de la sécurité de la surface et de la conservation de la mine, et d'autres questions qui ne rentrent pas nécessairement dans le cadre que nous avons tracé pour le futur ministère du Travail. La sécurité des ouvriers mineurs est d'autre part liée si intimement à la sécurité de la surface et à la conservation de la mine qu'une distinction entre l'une et l'autre n'a pas paru possible ; elles sont d'ailleurs visées par le même texte dans la loi de 1810. La réglementation de la durée du travail peut au contraire être rattachée sans inconvénient au ministère du Travail, qui depuis 1892 a d'ailleurs la surveillance des exploitations minières à ce point de vue, en ce qui concerne les enfants et les femmes. Quant à la loi sur les délégués mineurs de 1890, à celles de 1894 et de 1903 sur les caisses de secours et de retraites des ouvriers mineurs, il est ogique qu'elles ressortissent au ministère du Travail.

L'action du ministre du Travail sur les conditions d'attributions de la propriété minière et sur les stipulations du cahier des charges qui peuvent avoir une portée sociale, serait garantie par le fait que les décrets de concession devraient porter la signature du ministre des Travaux publics. D'autre part, pour assurer l'action du ministre du Travail sur les ingénieurs des mines, chargés sous son autorité de la réglementation du travail, les tableaux d'avancement et les nominations devront être arrêtés de concert entre les deux ministres.

La Direction de la mutualité serait rattachée au ministère du Travail et de la Prévoyance sociale, telle qu'elle est organisée par le décret du 24 octobre 1906. Les Directions du travail et de l'assurance et de la prévoyance sociales conserveraient dans l'ensemble leurs attributions actuelles, auxquelles s'ajouteraient, pour la première, le contrôle des lois sur la durée du travail et les délégués mineurs, et pour la seconde, celui des lois relatives aux secours de maladie et aux retraites des ouvriers mineurs.

Telles sont, monsieur le président, les attributions que je vous propose de donner au nouveau ministère du Travail.

Sans doute, la création de ce nouveau département ne résoudra pas les multiples questions que soulève la condition actuelle des travailleurs, mais elle en facilitera l'étude, et par cela même la solution. Ce sera le même esprit qui présidera désormais au progrès de la législation sociale, quelle que soit la catégorie de travailleurs auxquels elle s'appliquera. Par là sera rendue plus cohérente la législation ouvrière, plus rapide sa réforme, plus tangible la sollicitude que le gouvernement de la République témoigne aux travailleurs.

Si vous approuvez ces propositions, je vous prie de vouloir bien signer le décret suivant.

Veuillez agréer, monsieur le Président, l'hommage de mon profond respect.

Le président du Conseil, ministre de l'Intérieur,

G. Clemenceau.

A ce rapport est joint le décret suivant, rendu en date du 25 octobre, sur les conclusions conformes du président du Conseil :

Article premier. — Il est créé un ministère du Travail et de la Prévoyance sociale.

Art. 2. — Ce ministère a dans ses attributions les services actuels du ministère du Commerce, de l'Industrie et du Travail ressortissant : 1° à la Direction du travail, sauf le Comité consultatif des arts et manufactures, les établissements dangereux, insalubres ou incommodes, la dynamite et les explosifs divers ; 2° à la Direction de l'assurance et de la prévoyance sociales (budget ordinaire du ministère du Commerce et de l'Industrie : chapitres XXIII, XXIV, XXV, XXVI, XXVII, XXVIII, XXIX, XXX, XXXI, XXXII, XXXIII, XXXV, XXXVI) ; — la Direction de la mutualité (budget ordinaire du ministère de l'Intérieur : chapitres XIV, XV, XVI, XVII, XVIII, XIX, XIX *bis*) ; — les services dépendant du ministère des Travaux publics, concernant l'application des lois et règlements sur les conditions du travail dans les mines, minières et carrières, ainsi que les mesures de prévoyance et d'assistance en faveur des ouvriers mineurs (budget ordinaire du ministère des Travaux publics : chapitres III, XL, XLI, LIV).

Enfin, l'agence Havas communiqua aux journaux la note suivante, émanée du gouvernement et qui expose les raisons de droit sur lesquelles on s'est fondé pour créer par décret le nouveau ministère. Cette note avait pour but de répondre par anticipation aux objections faites à ce mode de création par un certain nombre de députés. On avait annoncé que M. Charles Benoist s'empresserait de déposer une proposition tendant à empêcher à l'avenir que le nombre des ministères et des sous-secrétariats d'Etat puisse être modifié autrement que par une loi.

On s'est demandé si la création par décret du ministère du Travail n'était pas irrégulière, et si elle ne portait pas atteinte en quelque manière aux droits du Parlement.

Sur ce dernier point, la réponse ne fait aucun doute : les droits du Parlement restent entiers, puisque les crédits dont il y aura lieu de doter le nouveau département ministériel devront être votés par les Chambres ; d'où il suit que la mesure n'aura son plein effet qu'avec leur assentiment.

Quant à la régularité même de cette mesure, elle n'est pas davantage contestable. Nos lois constitutionnelles sont muettes en ce qui touche la création des ministères, et ne limitent en rien, à cet égard, les droits du pouvoir exécutif. C'est là l'opinion expressément formulée par M. Eugène Pierre, qui écrit dans son *Traité de droit politique et parlementaire* : « Le nombre des ministres n'est pas réglé par la loi ; il peut être augmenté ou diminué par voie de simple décret. » (N° 100 du *Traité* et du *Supplément*.) Tel est aussi l'avis très ferme donné par M. Esmein, membre de l'Institut et professeur de droit public à la Faculté de droit de Paris, dans son savant *Traité de droit constitutionnel* (6e édition, 1906, pp. 666 et suiv.).

Une tradition constante atteste d'ailleurs, en cette matière, les droits du Gouvernement, et tous les orateurs parlementaires qui ont, à plusieurs reprises et sous divers points de vue, examiné la question, ont également admis la validité de la création d'un ministère par décret.

Tous les ministères existants, sauf un seul, ont en effet été érigés par décret. Pour ne citer que les précédents les plus récents, c'est par décrets des 4 et 5 février 1879 qu'ont été créés le ministère des Cultes et le ministère des Postes et Télégraphes, supprimés depuis par décrets ; c'est par décrets du 14 novembre 1881 qu'ont été créés par Gambetta le ministère de l'Agriculture et le ministère des Arts.

A l'occasion de cette création, dans la séance du 9 décembre 1881, MM. Franck Chauveau, Leroy et Ribot lui-même ont d'ailleurs, malgré certaines réserves, reconnu, selon la propre expression de ce dernier, *la légalité absolue* de la mesure.

La création du ministère des Colonies, en 1894 a fait, il est vrai, l'objet d'une loi dont M. Joseph Reinach avait pris l'initiative dès 1892. Mais cette façon de procéder n'exclut pas la précédente. Dans le débat auquel cette création donna lieu, M. Michelin alla jusqu'à soutenir « qu'aux termes de la Constitution, il n'appartenait pas au pouvoir législatif de créer des ministères ; que c'était une prérogative du pouvoir exécutif ». D'autre part, tout en soutenant la discussion du projet tendant à la création législative du nouveau ministère, M. Casimir-Périer, président du Conseil des ministres, *proclama nettement* le droit strict, pour le Gouvernement, de constituer un ministère par simple décret (*Journal Officiel* ; débats parlementaires, séance du 17 mars 1894 ; p. 574, colonne 3 ; p. 576, colonne 2).

La réserve formellement faite par M. Casimir-Perier était d'autant plus justifiée que, pratiquement, il n'est pas toujours possible de recourir à la loi, et que, dans un cas tout au moins, la création par décret s'impose :

« *Il est utile parfois*, dit M. Esmein, *qu'un nouveau cabinet puisse, en vue de sa constitution même, modifier le nombre des ministres ou la démarcation des départements*. En Angleterre, on satisfait aux mêmes besoins par des procédés différents.

« *En France celui-là seul est possible*, puisque chez nous les ministres en titre seuls peuvent faire partie du cabinet. »

La remarque ci-dessus s'applique on ne peut mieux aux circonstances actuelles. Pour que le nouveau cabinet puisse se présenter au complet devant les Chambres, il faut que le ministère du Travail soit créé par décret du président de la République.

A la Direction des Cultes

Le ministère du Travail fut installé provisoirement dans les bureaux de la Direction des cultes, supprimée par la loi de séparation des Églises et de l'État.

Si l'on avait pu méconnaître l'utilité d'un pareil service administratif, il eût bien fallu revenir de cette erreur, à voir les ouvriers, les délégations ouvrières, les syndicats ouvriers, se rendre par foule rue de Bellechasse, aux nouveaux bureaux. Le premier ministre du Travail se montra fort accueillant; ses réceptions, très libres et cordiales, donnèrent à tous les travailleurs le sentiment qu'ils étaient chez eux, dans un ministère de la République.

Les premières difficultés à résoudre furent celles de l'application de la loi du repos hebdomadaire. M. René Viviani s'y employa avec une intelligence et un esprit de conciliation qui prévint bien des conflits. Il avait prononcé deux discours admirables, à la Chambre et au Sénat, pour dire comment il entendait remplir ses hautes fonctions, mais les meilleures explications, ce furent ses actes d'homme de gouvernement tout de suite reconnu de tous.

DISCOURS

I

LOI DES ASSOCIATIONS

Associations et Congrégations

DISCOURS PRONONCÉ A LA CHAMBRE DES DÉPUTÉS

(*Séance du* 15 *janvier* 1901)

> Il peut se faire qu'au bout de la route vous trouviez des hommes qui, écrasés par l'atavisme religieux, ne se mêlent à votre action qu'avec quelque tristesse, parce qu'ils seront, au fond d'eux-mêmes, tourmentés par le problème de leur propre fin. Dites-leur que, s'ils tiennent à se survivre, ils n'ont qu'à donner le surplus et le meilleur d'eux-mêmes à la seule puissance qui soit vivante et immortelle, à la Justice.

MESSIEURS,

Je viens, au nom de mes amis, exprimer, sur le grave problème qui vous est soumis, notre opinion commune, et dans une discussion pareille, où notre droit public, nos traditions et notre histoire s'entremêlent, je voudrais tout de suite et dans un intérêt de clarté que la Chambre, j'en suis sûr, appréciera, d'une part, poser tels qu'ils m'apparaissent les termes de la question, d'autre part, instruire la Chambre de la méthode que j'entends suivre.

Sous les réserves particulières que j'aurai tout à l'heure à énoncer et sous les amendements que nous aurons ensuite à soutenir, il semble que le projet du Gouvernement disparaisse presque tout entier. Notamment, en ce qui concerne l'article 2 et surtout en ce qui concerne l'article 11, nous aurons à faire valoir de fortes raisons d'hostilité et si je me borne pour le moment à cette courte mention, c'est parce que j'ai l'intention, tout à l'heure, de reprendre et de développer ces critiques.

Cependant, et cela suffit à nous rapprocher, nous approuvons la pensée générale qui inspire ce projet, et nous louons le Gouvernement et la Commission de la conception supérieure, qui n'est pas nouvelle, à laquelle, avec un peu de timidité peut-être, ils ont rattaché le projet.

FAISONS-NOUS UNE EXCEPTION SECTAIRE ?

Les explications si complètes et si intéressantes de l'honorable M. Renault-Morlière vous ont déjà présenté le projet dans ses grandes lignes ; permettez-moi d'y revenir. Vous savez par lui, vous saviez par l'étude du rapport et du projet que le Gouvernement et la Commission n'ont pas voulu fixer la même situation juridique aux congrégations et aux associations ; n'ont pas voulu, dans la même loi, rassembler les contraires, n'ont pas voulu faire bénéficier des mêmes pouvoirs et des mêmes droits ces associations et ces congrégations qui, seulement pour le regard superficiel, semblent offrir des ressemblances.

Messieurs, j'entends que, s'emparant de cette conception, la livrant à toutes les critiques et, vous l'avez vu tout à l'heure, aux censures les plus éloquentes, on a instruit, ici et au dehors, très ardemment le procès des républicains. On a dit que, parce que nous refusions de créer une unité factice et mensongère dans la législation, parce que nous avions présenté des dispositions de loi spéciales, parce que nous voulions cloîtrer les congrégations dans une exception, que pour cela, sans même avoir le mérite de la franchise, nous les privions des moyens de vivre, et qu'une fois de plus, attachés à une œuvre de sectaires, nous n'avions pas su ménager les intérêts supérieurs de la liberté.

Nous pourrions tout d'abord répondre que nous ne sommes ici ni des philosophes ni des juristes chargés, dans une époque apaisée, ayant devant nous de larges horizons, d'écrire les principes d'où les lois découleront, que nous sommes à une époque de durs combats et d'âpre labeur (*Applaudissements à l'extrême gauche et à gauche*), que nous sommes des hommes politiques, chargés, par toutes les mesures qui sont en notre pouvoir, de préserver de toute atteinte le patrimoine de la Révolution. (*Applaudissements sur les mêmes bancs.*)

M. Lasies. — J'approuve fort la netteté de ce langage.

M. René Viviani. — Mais je conviens tout de suite que, si nous nous en tenions à cette raison, d'ailleurs insuffisante, nous risquerions de prendre devant le pays, devant nos adversaires, une attitude dont l'arrogance ne compenserait pas la faiblesse.

C'est précisément parce que, du jour de son dépôt, ce projet a soulevé des récriminations, et parce que demain, sous son application, cette loi soulèvera d'ardentes colères, c'est précisément parce que, comme le disait M. Renault-Morlière, de toute loi sur les associations, on peut dire non seulement pour la République, mais pour la société, qu'elle constitue une loi capitale et organique, qu'avec une double rigueur nous devrons apporter nos justifications et nos preuves.

FIDÈLES A LA RÉVOLUTION ET A LA CAUSE DE LA LIBERTÉ

Quant à moi, une fois de plus après bien d'autres, j'entends prouver que si nous prenons cette attitude au début, par là même nous entendons rester fidèles aux formules forgées autrefois par des jurisconsultes qui n'avaient pas seulement en vue l'heure présente, mais qui travaillaient pour le temps. J'entends prouver qu'en prenant cette attitude, non seulement nous sommes les héritiers timides de la Révolution, mais encore les continuateurs de l'histoire (*Applaudissements à l'extrême gauche et à gauche*), et que nous nous présentons ici portant dans nos mains, en outre des traditions républicaines, ces traditions françaises attestées par des siècles de combats où, peu à peu, l'esprit laïque s'est dérobé aux étreintes de la société religieuse. (*Nouveaux applaudissements sur les mêmes bancs.*)

Messieurs, est-ce que, comme l'a dit tout à l'heure, dans son éloquent langage, qui m'a profondément ému, M. Renault-Morlière, tout cela ne serait pas vrai ? Est-ce qu'à travers le temps, nous aurions rompu avec les traditions et l'histoire ? Est-ce que nous aurions déserté aujourd'hui la cause de la liberté ?

M. Paul de Cassagnac. — Oui ! oui ! oui ! (*Exclamations à l'extrême gauche.*)

M. René Viviani. — Même si les accusations de l'honorable M. Renault-Morlière étaient vraies, même si l'interruption de l'honorable M. de Cassagnac pouvait avoir dans ce débat une portée, c'est-à-dire même si nous avions porté atteinte à la liberté, est-ce que par les événements et les circonstances notre attitude ne se justifierait pas ?

M. Lasies. — Très bien ! Voilà le langage d'un honnête homme.

M. René Viviani. — C'est que nous ne sommes pas seulement face à face avec ces congrégations ardentes et belliqueuses, libres après tout de toute attache avec l'État ; nous sommes, on l'a peut-être un peu trop oublié tout à l'heure, face à face avec cette Église catholique... (*Applaudissements à l'extrême gauche et à gauche.*)

A droite. — Très bien ! C'est de la franchise et de la loyauté.

M. Lasies. — Vous avez le courage de votre opinion.

M. René Viviani. — Nous sommes en présence de cette Église catholique qui, depuis un siècle sollicitée, depuis cinquante ans envahie, depuis trente ans absorbée par les congrégations, fait maintenant cause commune avec elles, qui leur sert de rempart légal et officiel, et qui, cependant, devrait faire son choix, et qui, bénéficiant de privilèges séculaires, devrait être beaucoup plus modeste dans la revendication de la liberté. (*Applaudissements à l'extrême gauche et à gauche.*)

Ou bien tout cela n'est-il qu'une apparence et qu'un

jeu ? et au-dessus de ce combat d'un jour, au-dessus de cette loi qui passe, n'est-il pas vrai que se rencontre une fois de plus ce conflit formidable où le pouvoir spirituel et le pouvoir temporel, se disputant des prérogatives souveraines, essayent, en s'arrachant des consciences, de garder jusqu'au bout la direction de l'humanité ? (*Vifs applaudissements à l'extrême gauche.*)

C'est à ces questions — un peu ambitieusement posées, j'en conviens — qu'au nom de mon parti et soutenu par lui, j'ai la hardiesse de vouloir répondre et que je répondrai, je l'espère, en laissant à ma parole une forme impersonnelle, la seule, j'imagine, qui puisse convenir à un pareil débat. (*Très bien ! très bien !*)

C'est précisément parce qu'on nous accuse de forger une exception intolérable pour les congrégations qu'avant tout, et pour justifier l'exception, nous devons tracer le droit commun tel qu'il nous apparaît et, telle qu'elle nous apparaît aussi, essayer de préciser la règle.

LE DROIT COMMUN

Quel doit être le droit commun en matière d'association ? Quels devoirs engagent les associations éphémères et passagères vis-à-vis de cette association supérieure, antérieure à toutes, qui s'appelle l'État et représente les générations ? Quels rapports doivent exister entre elles ? Comment et par quel phénomène se fait-il qu'après un siècle, à la fin duquel tout au moins la liberté a été versée à pleines mains, où nous avons conquis la liberté de la tribune, la liberté de la presse et la liberté de réunion, nous soyons encore à disputer sur la liberté d'association ? On a coutume, en pareille matière, sans pouvoir s'y soustraire — et moi moins que tout autre, — d'émettre une vérité banale que je reproduis et de dire que, par l'association, l'homme substitue à la faiblesse qui vient de l'isolement la force qui vient de la concentration des efforts; j'ajoute que, non seulement c'est là une vérité banale, mais aussi une vérité incomplète qui ne résout aucun problème.

Si, en effet, les associations étaient seulement le rendez-vous où les hommes se rencontrent pour rapprocher des intérêts particuliers, on ne comprendrait pas la longue défiance avec laquelle — qu'ils fussent monarchiques ou républicains — les gouvernements ont envisagé l'association. On la comprendrait d'autant moins que, vis-à-vis d'associations d'une autre forme, vis-à-vis des associations commerciales, l'État a toujours été plein de bienveillance. On la comprendrait d'autant moins que, si la liberté d'association eût existé, les associations se seraient multipliées par milliers, se seraient divisé le sol du pays, et qu'au-dessus de ces querelles, de ces divisions, de ces droits fractionnés, de cette poussière humaine, l'État, souverain, impersonnel, éternel, eût continué à régner.

La vérité qui, sans la justifier, explique l'inquiétude des gouvernements, c'est que l'association est appelée à jouer un rôle social, qu'elle est créée pour se substituer, dans certains offices, à l'État et pour remplir, à sa place, certaines tâches dont la diversité même défie l'initiative de l'État. J'aurai rendu ma pensée tout entière en disant que plus minces, plus légères que lui, elles peuvent se glisser dans des sphères plus étroites où, étant données sa pesanteur et sa puissance, l'État ne pourrait pas descendre. (*Applaudissements à l'extrême gauche et à gauche.*)

Si tel est le rôle des associations, on ne comprend pas qu'elles n'aient pas été encouragées à le jouer, et ce qu'on comprend, au contraire, c'est que la liberté la plus complète doive être la récompense d'une pareille initiative. Messieurs, les gouvernements se sont dit que naturellement les associations seraient composées d'hommes, que ces hommes auraient la tentation, s'étant substitués une fois à l'État, de s'y substituer toujours, de rivaliser avec lui, de le dépouiller peu à peu de ses prérogatives, de fractionner entre des millions de mains ces droits régaliens qui, pour avoir une force et une portée, doivent résider seulement en quelques mains. Alors il nous appartient à nous de réconcilier ces contradictions éternelles et, tenant compte du rôle généralement utile, du rôle exceptionnellement nuisible des associations, d'essayer de créer une législation de mesure et d'équilibre. A l'association, et pour qu'elle joue pleinement son premier rôle, nous donnerons la liberté en laissant aux mains de l'Etat certaines garanties sous la forme d'un contrôle.

Mais qu'est-ce donc que la liberté pure et simple ? La liberté ne doit pas être une velléité et un désir : elle doit être aux mains de l'homme une possibilité d'action. (*Très bien! très bien! à l'extrême gauche et à gauche.*) Voilà pourquoi à l'association, pour qu'elle puisse accroître sa liberté, nous remettrons un instrument assez puissant, afin qu'elle puisse accomplir son œuvre, et en même temps assez inoffensif pour que, le jour où, entraînée par sa propre fièvre, l'association bouillonnera et débordera au delà de son œuvre, elle ne puisse pas s'en prendre à l'État.

S'il m'est permis de traduire par des paroles plus

précises ces principes malheureusement trop abstraits, je dirai qu'à l'association nous devons donner ou du moins restituer la liberté, car la liberté d'association est un droit naturel (*Très bien! très bien!*); je dirai qu'à l'État il faut laisser, sous la forme d'un contrôle, le droit de savoir ce qui se passe dans l'association, c'est-à-dire, par les statuts que la déclaration lui apportera, le droit de savoir à quelle tâche l'association s'est arrêtée, le nombre des associés, le nombre et les noms des administrateurs. Je dirai en outre qu'à ces associations il faudra donner ce qu'on appelle en droit la petite personnalité civile, c'est-à-dire le droit de recevoir des cotisations, le droit de posséder, non pas un immeuble, mais un local — et la différence est grande — dans lequel l'association pourra s'asseoir et préparer l'œuvre à laquelle elle s'est attachée. (*Très bien! très bien! à l'extrême gauche.*)

POUR SAUVEGARDER L'UNITÉ NATIONALE

ASSOCIATIONS ENTRE FRANÇAIS ET ÉTRANGERS

Dans quelle mesure le projet du Gouvernement se rapproche-t-il du droit commun, tel du moins que nous l'avons tracé?

En ce qui concerne les associations en général, le Gouvernement déclare qu'elles ont le droit de se former, mais il ne leur accorde pas la petite personnalité civile.

Nous aurons donc, lorsque viendra la discussion des articles, à essayer de l'emporter sur ce point. Le Gouvernement, par l'article 2, fait peser au-dessus de toutes les associations une menace dont j'entends lui demander compte. Le Gouvernement décide que toute association, pour se former, devra d'abord respecter les bonnes mœurs, les lois, l'ordre public. Sur ce point, il est évident qu'aucune protestation ne peut surgir, car il serait véritablement excessif que des hommes puissent, en association, commettre des délits qu'à l'état isolé on leur reprocherait.

Le Gouvernement va plus loin en disant que l'association ne pourra pas être contraire à l'unité nationale? Qu'est-ce que l'unité nationale ? Où commence-t-elle et où finit-elle ? Le Gouvernement a-t-il voulu, par cet article, prévoir des tendances qui, j'en suis sûr, n'existent pas, des tendances séparatistes qui, j'en suis bien convaincu, n'existent ni en France ni dans la plus lointaine de nos colonies ? Je lui répondrai que si ces tendances restent à l'état de tendances, c'est moins par l'action des lois que par l'action des mœurs qu'on peut réagir et que, le jour où ces tendances deviendraient des actes, le Gouvernement serait armé par les lois existantes contre les individus. Comment ne le serait-il pas contre les associations ? A-t-il voulu prévoir la propagande de certaines idées que, économiquement ou moralement, le Gouvernement juge détestables ? Mais ou bien cette propagande se fera sous une forme philosophique et, si détestable que soit l'idée, il faudra légalement la laisser passer ; ou bien cette propagande s'alimentera par des délits et des crimes.

Je réponds que, là encore, les lois existantes gardent suffisamment le Gouvernement.

Le Gouvernement ne s'est pas contenté de rédiger l'article 2, il a rédigé l'article 11. Cet article 11 crée, au détriment des congrégations, une exception à laquelle je vais venir, en ce sens qu'en limitation de la législation de la Restauration, le Gouvernement décide que les congrégations, pour vivre, devront demander l'autorisation de la loi.

Le Gouvernement crée une autre exception au détriment de certaines autres sociétés. C'est sur celles-là que tout de suite je m'explique. Le Gouvernement décide que toutes les associations formées entre Français et étrangers devront être autorisées par la loi si elles ont leur siège et leur direction à l'étranger et autorisées par le Gouvernement si elles n'ont pas leur siège et leur direction à l'étranger.

J'ai le droit de demander compte au Gouvernement de cet article, de lui demander au nom de quel principe il a agi et au nom de quelle nécessité.

Quel est le principe en matière d'association ? Toutes les fois qu'un groupement humain se présente et emprunte la forme juridique, le Gouvernement ne peut l'empêcher de se créer, car les hommes qui s'associent exercent un droit naturel. Je demande comment des Français, parce qu'ils s'associeraient avec des étrangers, perdraient le caractère naturel de ce droit. Est-ce que le Gouvernement peut dire que ce droit naturel se pervertit parce que des Français et des étrangers s'associent ? Je comprends à merveille que le Gouvernement aperçoive avec une certaine défiance ce genre d'association et, m'avançant près de lui sur un terrain transactionnel, je lui demande simplement si, l'association s'étant formée, il ne lui suffirait pas de lui refuser la concession du droit positif qui s'appelle la petite personnalité civile.

Craint-il que ces associations se livrent à une propagande mauvaise ? Ce que j'ai dit pour l'article 2 vaut pour l'article 11. Se livrant à une propagande philosophique, elles devront être respectées, ou bien elles commettront des délits, des crimes, et alors, évidemment, le regard du Gouvernement tombera sur ces associations.

La vérité, c'est qu'en ces matières on a un peu trop brodé sur le vieux fonds de 1830 et sur les idées libérales de 1840. A cette époque, les relations internationales entre hommes, entre peuples, apparaissaient comme suspectes. Il faut admettre ici comme ailleurs que le progrès a fait son œuvre, que les principes, les théories, les idées voltigent au-dessus des frontières et deviennent d'un bout à l'autre du monde la propriété de tous les nobles esprits. (*Applaudissements à l'extrême gauche et à gauche.*)

LA CONGRÉGATION, EST-CE LA VIE EN COMMUN ?

J'en arrive à critiquer la dernière partie de l'article 11, et par là je trouve un chemin tout tracé pour rejoindre les congrégations. Le Gouvernement déclare que les associations dont les membres vivent en commun demanderont l'autorisation de la loi.

Messieurs, je ne suis pas en possession complète de tous mes auteurs, mais je crois que c'est Pascal qui enseignait qu'on ne devait avoir recours à la périphrase que quand le substantif n'existait pas, vu qu'il n'avait pas une force suffisante. Je demande si, en pareille matière, le substantif n'existe pas, si le mot « congrégation », dans le langage politique et juridique, ne se retrouve pas partout et si véritablement il répugne à ce point au législateur de notre époque qu'il n'ose pas l'imprimer. (*Applaudissements et rires sur les mêmes bancs.*)

Eh bien, on caractérise les congrégations par ce

fait que les congréganistes vivent en commun. Véritablement si les congrégations ne passent pas à travers ce texte, soit l'une après l'autre, soit toutes ensemble, c'est qu'elles auront une candeur et une naïveté auxquelles, quant à moi, je refuse de croire. (*On rit.*) Et, en effet, comment peut-on s'attacher, comme critérium en cette matière, uniquement — je ne demande pas qu'on l'écarte complètement — mais uniquement à la vie en commun, à la cohabitation en commun? Mais d'abord je crois, sans être très fixé en cette matière et sous réserve d'un démenti que j'accepte d'avance, qu'il est des congrégations qui ne vivent pas en commun. Et puis, elles n'auront qu'à prendre un autre arrangement, et alors ou vous imposerez à tout gouvernement une œuvre de police intolérable, ou bien; à l'intérieur même de la congrégation, la congrégation rompra la vie en commun, uniquement, par exemple, en distribuant les congréganistes, ses adhérents, dans des dortoirs séparés.

AUTRES EXCEPTIONS LÉGISLATIVES. — LES SOCIÉTÉS COMMERCIALES

J'arrive à justifier, ou tout au moins à essayer de justifier l'exception dans laquelle les congrégations sont enfermées et, devant répondre ici à un homme comme l'honorable M. Renault-Morlière, voulant sinon le suivre dans tous ses développements, tout au moins essayer de dresser, en face de sa thèse, ma thèse, je serai obligé de faire appel à la fois au droit et à l'histoire, par conséquent obligé d'imposer à la Chambre une discussion que j'essayerai de rendre aussi claire et aussi rapide que possible. (*Parlez ! parlez !*)

Je ne voudrais pas, messieurs, que s'abandonnant à un langage que j'ai souvent entendu ici et hors de cette enceinte, on pût dire, comme le faisait tout à l'heure M. Renault-Morlière, que c'est une œuvre de haine et non une œuvre de raison que nous accomplissons, et escomptant tout de suite le bénéfice de la démonstration dans laquelle je pénètre, je dis qu'il nous suffira de nous en référer au droit ancien, à l'histoire et au droit moderne, pour constater que les différences que nous faisons entre les associations et les congrégations ne sont pas de nous et que, s'il est une accusation que nous devons craindre, c'est moins l'accusation d'avoir été des novateurs que l'accusation d'avoir été des plagiaires. (*Très bien ! très bien ! à l'extrême gauche et à gauche.*)

On nous reproche, tout d'abord, de n'avoir pas voulu fonder l'unité de législation, d'avoir créé des dispositions de loi spéciales ; mais, même si, juridiquement et philosophiquement, la congrégation pouvait se comparer à l'association, je dis que nous aurions le droit de créer encore des dispositions spéciales. Je demande si le législateur qui nous a précédés sur ces bancs, celui qui a fixé les statuts des sociétés commerciales, n'a pas été entraîné, dans une pareille matière, subissant la tentation très attrayante, que nous subissons nous-mêmes, à créer l'unité de législation, c'est-à-dire à offrir à toutes les activités commerciales qui se développaient sous forme de sociétés un seul type, un seul moule.

Messieurs, on a cependant créé des sociétés commerciales différentes. A côté de la société en commandite, la société par actions et la société à capital variable; et au-dessous de ces sociétés, contrairement au grand principe de la liberté commerciale, lorsqu'on a discuté sur les tontines et sur les sociétés d'assurances, on a déclaré qu'elles ne pourraient vivre qu'en se munissant de l'autorisation du Gouvernement.

LES CATHOLIQUES ONT DEMANDÉ L'EXCEPTION EN DEMANDANT LE PRIVILÈGE

Si je rentre dans la matière où nous nous agitons, c'est en foule qu'autour de moi et presque sous la main je vais trouver les exemples dont j'ai besoin. Vraiment, je suis quelque peu surpris d'entendre les défenseurs des congrégations réclamer avec tant de hauteur le droit commun ; et ils me permettront, sans vouloir faire gronder autour de ce débat certaines passions, de leur rappeler leur propre histoire.

Nos pères ont entendu les échos de la voix de Montalembert réclamant à la tribune de la Chambre des pairs, non pas le droit commun, mais le privilège ; nous avons entendu les défenseurs des congrégations répudier le droit commun et réclamer le privilège et surtout à quelle occasion ? Je rappelle le fait qui s'est produit deux fois au siècle dernier. Il s'agissait de savoir si les articles 290 et 291 du code pénal, qui prévoient les associations laïques illicites, c'est-à-dire supérieures à vingt personnes, seraient applicables aux congrégations religieuses non autorisées. Et on a trouvé des avocats ingénieux qui, par des consultations laborieuses, ont essayé de surprendre et d'émouvoir l'esprit public. Et à quelle hérésie juridique s'était-on arrêté? On a voulu soutenir cette thèse que les articles 290 et 291 restaient applicables aux sociétés laïques supérieures à vingt personnes, même se réunissant une fois par mois, mais qu'ils ne s'appliquaient pas aux congrégations religieuses non autorisées, parce qu'ils ne les visaient pas. De sorte que ces articles étaient applicables à des associations hebdomadaires de vingt et une personnes et ne s'appliquaient pas à des associations permanentes, par conséquent beaucoup plus périlleuses.

Quand on a pris cette attitude au débat et quand on a fait entendre ce langage, on est mal venu à réclamer le droit commun avec tant de force et de hauteur. (*Applaudissements à gauche et à l'extrême gauche.*)

J'entends, et je l'ai dit moi-même, que l'argument que j'apporte à la tribune est d'une importance secondaire. Pourquoi ? Parce que si l'aveu des adversaires, tiré d'une attitude continue, peut avoir une importance dans une autre enceinte, il est médiocre dans une assemblée d'hommes politiques qui doivent se déterminer par d'autres arguments.

DIFFÉRENCE ENTRE ASSOCIATIONS ET CONGRÉGATIONS

Et alors, obligé d'apporter cet argument pour que ma thèse fût complète, je reprends tout de suite un argument nouveau. Si les associations et les congrégations se ressemblent, s'il y a entre elles égalité et parité, qu'on nous explique la longue suite des lois spéciales qui ont réglé la matière spéciale des congrégations ! Et si, sous l'ancien régime ou même après la Révolution, la congrégation ressemblait à l'association, pourquoi le décret de messidor an XII, pourquoi la loi de 1817, la loi de 1825, la loi de 1852? Est-ce que toutes ces lois spéciales, pour ou contre les congrégations, — je ne m'occupe pas de ce point, — ne prouvent pas que la congrégation était elle-même une matière spéciale?

Je comprends cependant l'objection très forte qui peut m'être opposée. Au temps où je me réfère, soit avant, soit après la Révolution, tous les groupements humains supportaient une défiance générale de la part des gouvernements. Il n'est pas étonnant que les congrégations aient été maltraitées et que, même le régime de la Restauration, même ce régime religieux qui avait égalé le sacrilège au parricide, ait voulu que la loi seule pût organiser les congrégations. Mais, aujourd'hui, que faisons-nous? Nous restituons la liberté d'association à tous les citoyens: et comment pouvons-nous expliquer que, dans ce passage du droit ancien au droit nouveau, nous ne fassions pas de même aux congrégations? Oui, les congrégations étaient maltraitées à une époque où les associations elles-mêmes étaient très maltraitées, tellement mal vues qu'elles avaient peine à exister. Mais puisque nous créons la liberté d'association, pourquoi faire une différence entre la congrégation et l'association?

J'entends prouver, quant à moi, que si, évidemment, à l'époque à laquelle je me réfère, congrégations et associations, en ce sens qu'elles étaient des groupements humains, supportaient la défiance générale qui existait à cette époque, cependant, même avant la Révolution, la congrégation était beaucoup plus maltraitée que l'association; et quel est le bénéfice de l'argumentation à laquelle j'arrive? Si je vous démontre qu'avant et qu'après la Révolution, la congrégation était plus maltraitée que l'association, j'aurai par là, j'imagine, commencé à défendre ma thèse, établissant qu'entre la congrégation et l'association il y a toujours eu des différences philosophiques et juridiques qui méritent d'arrêter notre attention.

SOUS L'ANCIEN RÉGIME

Comment donc une congrégation se formait-elle dans l'ancien droit? Je rappelle d'un mot les quatre formalités nécessaires: il fallait l'autorisation de l'évêque dans le diocèse duquel la congrégation allait se créer, l'assentiment des personnes intéressées, il fallait l'autorisation du roi, et il fallait, sous forme de lettres patentes, la consécration du Parlement.

Il semble qu'il suffise d'énoncer ces formalités pour montrer à travers quelles épreuves la congrégation devait passer et que, dans cette France d'autrefois dont on disait orgueilleusement qu'elle était la fille aînée de l'Église, les rois montraient une répugnance toute laïque vis-à-vis des congrégations. (*Rires et applaudissements à gauche et à l'extrême gauche.*)

Voilà comment se formaient les congrégations et à travers quelles formalités elles devaient passer. Et l'association? Vous n'attendez pas de moi que j'apporte ici une affirmation qui tomberait sous vos interruptions ; je n'ai pas l'intention de dire que, sous l'ancien régime où aucune liberté n'existait, la liberté d'association ait existé. Je vais même jusqu'à reconnaître que l'association en elle-même n'existait pas et que lorsqu'on veut parler de groupements laïques différents des corporations ou des congrégations, on se sert du mot de « communauté », qui a un sens plus étroit. Cependant la première association qui ait apparu à la fin du dix-huitième siècle, l'association des agriculteurs de France, dont je dis qu'elle est une association parce qu'elle revêtait les formes modernes de l'association, comment s'est-elle créée?

Évidemment elle s'est créée avec l'autorisation du roi; elle vivait sous l'équivoque et l'arbitraire; il eût suffi d'un geste du souverain pour la dissoudre; cependant, la seule autorisation du roi était suffisante et quand je rapproche la congrégation et l'association, je trouve qu'avec la seule autorisation du roi, autorisation précaire, l'association vivait; et la congrégation, en outre des formalités religieuses, devait se soumettre à l'autorisation du roi et à celle du Parlement; n'est-ce pas démontrer, l'histoire en main, que, à toute époque, entre la congrégation et l'association, on a fait des différences essentielles?

PENDANT LA RÉVOLUTION

Comment donc la Révolution a-t-elle traité ce double problème et comment peut se résumer l'œuvre de la Constituante ?

Messieurs, au mois de février 1790, la Constituante a rendu un décret dont les premiers termes sont ainsi conçus : « La loi constitutionnelle du royaume ne reconnaîtra plus de vœux monastiques solennels de personnes de l'un ni de l'autre sexe ; en conséquence, les ordres et congrégations réguliers dans lesquels on fait de pareils vœux sont et demeurent supprimés en France, sans qu'il puisse en être établi de semblables à l'avenir. » (*Applaudissements à l'extrême gauche et à gauche.*)

J'entends bien, Messieurs, que la Constituante, assemblée de transition où la majorité était composée d'hommes qui, au fond, avaient des sentiments très respectueux pour la religion, j'entends bien que la Constituante, tout en abolissant nettement les congrégations, a pris des mesures.

La Constituante, vous le savez, a décidé qu'afin que les moines, qui allaient être victimes de son propre décret, ne vécussent pas misérables, vivraient dans des asiles de retraites. Cette simple mesure d'humanité démontre que la Constituante avait aboli les congrégations, qu'elle prenait soin des personnes pendant leur vie, mais qu'elle ne renouvelait pas les congrégations pour l'avenir.

Et maintenant comment la Constituante s'est-elle conduite vis-à-vis de l'association? Est-ce que les hommes de la Constituante, dont la majorité était composée de penseurs et de philosophes, seraient passés si près du grand problème des associations sans l'apercevoir ? C'est au mois de novembre 1790 que la Constituante s'en est préoccupée, et voici en quels termes est conçu son décret :

« L'Assemblée nationale, après avoir entendu son comité des rapports, déclare que les citoyens ont le droit de s'assembler paisiblement et de former entièrement des sociétés libres à la charge d'observer les lois qui régissent tous les citoyens. »

La même Assemblée qui avait aboli les congrégations fait éclore la liberté d'association. J'entends bien que c'est là une association rudimentaire qui va naître, puisqu'elle est dépouillée de la personnalité civile dont la Révolution avait toujours peur ; mais la même assemblée qui avait brisé la congrégation, proclame la liberté d'association. Et ce régime établi par la Constituante a-t-il été éphémère ?

Il s'est continué sous la Législative, sous la Convention, sous le Directoire, sous le Consulat, pendant la première partie du premier Empire, et il a été supprimé par le Code pénal de 1810, par les funestes articles 290 et 291 que tout le monde dans cette Chambre veut abroger. (*Applaudissements.*)

Tel était donc, pendant ces vingt années, le régime de la France : abolition de la congrégation, liberté d'association complète...

M. le comte Albert de Mun. — Sauf pour les associations professionnelles.

M. René Viviani. — Par quels grands faits historiques et par quelle loi se manifestent cette liberté complète d'association et cette abrogation des congrégations ? La liberté d'association était si complète, si respectée en France, qu'en 1798,— c'est, après M. Clamageran, au discours duquel je me suis référé déjà quelquefois, l'honorable M. Jules Roche qui a apporté ces chiffres à la tribune, — il y avait 32.000 associations religieuses réfugiées dans 32.000 paroisses, et qu'au moment où le Concordat a été signé il y avait 4.000 associations religieuses qui étaient en instance pour obtenir l'autorisation.

Mais comment était traitée la congrégation ? A la faveur du Directoire, elle a reparu en fraude de la loi. C'est pour cela que, sous l'inspiration de Portalis, a été pris le décret de messidor an XII, qui prohibe la congrégation.

Quand, sous l'ancien régime, après la Révolution et même au delà du Concordat nous voyons la liberté d'association complète et la congrégation au contraire anéantie, n'avons-nous pas le droit d'emprunter ces différences et de dire que nous avons le devoir de les inscrire dans le droit nouveau que nous forgeons aujourd'hui ?

CONTRADICTION ENTRE LE CONTRAT ET LES VŒUX

J'entends cependant tenir compte de toutes les objections si sages, si fortes, si mesurées qui peuvent être apportées à la tribune.

Après tout, c'est là l'histoire, et si nous voulions appliquer les édits et les lois anciens à la société moderne, elle ne les supporterait peut-être pas. Ce qu'il s'agit de savoir, ce n'est pas seulement si l'histoire, à telle ou telle époque, a rapporté telle ou telle loi, ce qu'il s'agit de savoir, c'est si ces mesures, si ces lois peuvent s'adapter à la législation moderne telle que nous la concevons.

Je dis que les mêmes raisons existent, que les mêmes différences existent. Je dis qu'il existe entre la congrégation et les associations ce que j'appelerai — par une formule un peu trop vague, mais je n'en ai pas d'autre à ma disposition — la nature des choses.

L'association repose sur les statuts, c'est-à-dire sur le contrat ; la congrégation repose sur des vœux, c'est-à-dire sur une théorie négative du contrat. (*Applaudissements à gauche et à l'extrême gauche.*)

Je pose d'abord une question préjudicielle. Ai-je le droit de parler des vœux à cette tribune ? Est-ce que, représentants de l'État politique, nous avons le droit de nous préoccuper de ces vœux prononcés dans l'obscurité des couvents, Dieu étant pris à témoin, devant la conscience du croyant ? Est-ce que nous pouvons les évoquer sans nous livrer à une œuvre de violence, sans violer le domaine de la conscience?

Messieurs, j'ai entendu dire par l'honorable M. Renault-Morlière que la Révolution avait déclaré que la nation ne connaissait pas des vœux. Je voudrais bien, — et ce n'est pas pour M. Renault-Morlière que je vais dire cela, car il sait en quelle estime je tiens son talent et son caractère, — je voudrais bien que lorsqu'on emprunte à la Révolution ses formules on ne tronque pas à la fois et l'esprit et les textes. Qu'a dit la Révolution? Certes, la nation ne doit pas connaître des vœux. Qu'est-ce qu'elle disait en outre? La nation ne connaît pas des congrégations.

Et vous qui voulez appliquer aux congrégations, je ne dis pas le droit commun, mais une législation moins dure que celle que nous préparons, de quel droit ne vous préoccupez-vous pas des vœux? Parce qu'ils sont pris devant la conscience, par l'homme qui entre dans un couvent? Si nous étions face à face avec ces congrégations primitives qui passaient leur temps à contempler le ciel et à prier, nous pourrions passer, détournant le regard de leurs temples et d'elles-mêmes. Mais est-ce que vous pouvez dire, invoquant cette transformation sociale et politique dont elles veulent profiter, est-ce que vous pouvez dire que les vœux peuvent être traités avec un tel dédain? Comment! vous n'allez pas examiner moralement et socialement ces vœux qui rassemblent dans les congrégations une population de 200.000 individus, lesquels, avec la force de l'association, prennent part avec vous, contre vous — c'est leur droit — à tous les actes de la vie civile, sociale et politique? (*Vifs applaudissements à gauche, à l'extrême-gauche et sur quelques bancs au centre.*)

Et si maintenant je parle aux républicains prêts à développer et à soutenir les projets du Gouvernement, la même argumentation devient encore plus forte.

Le Gouvernement nous demande d'approuver ici la congrégation. Je voudrais examiner la procédure dans laquelle nous allons nous trouver.

Je suppose cette loi votée et promulguée ; je suppose qu'en exécution de cette loi une congrégation se présente à notre barre pour solliciter l'approbation. Quelle va être la portée juridique de notre vote et à quelle opération allons-nous nous livrer ? Nous élirons une commission dont le premier devoir sera d'élire un rapporteur ; le devoir immédiat du rapporteur sera de nous soumettre son projet de loi avec les statuts et les vœux de la congrégation : de sorte que, lorsqu'ici nous serons appelés à voter, sur quoi notre vote portera-t-il ? D'abord sur le projet de loi que, d'accord avec le Gouvernement, la commission nous présentera ; puis, ne vous y trompez pas, sur les vœux qui figureront comme annexes au projet de loi. (*Très bien ! très bien ! à l'extrême gauche.*)

M. Paul de Cassagnac. — Les vœux ne regardent personne.

M. René Viviani. — Il interviendra en cette matière ce qui intervient tous les jours entre la puissance publique que nous représentons et les personnes qui nous demandent une concession. Nous faisons porter notre approbation sur le projet de loi qui les autorise et sur les statuts et le cahier des charges qui y sont annexés. (*Applaudissements à l'extrême gauche.*)

De sorte que nous allons être obligés de faire porter notre vote sur des vœux que nous déclarons ne pas connaître.

Messieurs, ou bien nous ne les connaissons pas, et alors n'approuvons rien, ou bien, si nous les approuvons, je demande à les connaître.

Voilà où on en arrive parce qu'on s'arrête à mi-chemin, parce que, n'acceptant pas dans sa gloire l'héritage de la Révolution, on n'ose pas aller jusqu'au bout, c'est-à-dire supprimer les congrégations.

C'est ce débat qu'à propos de l'article 11 nous avons l'intention de soulever.

LES VŒUX ET PRINCIPALEMENT LE VŒU D'OBÉISSANCE

Si nous pouvons socialement examiner les vœux, que va-t-il se passer ? Vous entendez bien que si je les prends en main, ce n'est pas pour leur faire subir dans une épreuve publique des épigrammes trop faciles; mais je veux les rapprocher du droit civil et du droit public, et voir dans quelle mesure le droit public et le droit civil font échec à ces vœux.

Je ne dirai rien du vœu de pauvreté et du vœu de chasteté qui, dépouillés de leur caractère de perpétuité — je le dis en rompant même avec les traditions républicaines et gallicanes, et ne parlant qu'en mon nom, — je n'en dirai rien, sinon qu'ils ne m'apparaissent pas comme illicites; j'aimerais mieux dire qu'ils sont plus antisociaux que contraires à la loi, et si je rends ma pensée tout entière, même au prix d'une subtilité dont je m'excuse, j'ajouterai que l'individu qui prononce le vœu de chasteté et de pauvreté procède davantage à l'immolation de sa personne qu'à l'abdication de sa volonté. Mais si j'arrive au vœu d'obéissance, je suis obligé de faire des réserves et je considère que la présence du vœu d'obéissance rend impossible l'assimilation de droit qu'on veut faire entre l'association et la congrégation.

Qu'est-ce qu'une association ? Qu'est-ce qu'une congrégation ? Une association est, d'après nous, un groupement volontaire qui, prenant sa base sur le contrat, comporte par là même entre tous les associés la liberté et l'égalité. La congrégation est un groupement qui, prenant sa base sur un pacte d'obéissance, ne comporte entre ses adhérents ni liberté, ni égalité. (*Applaudissements à gauche et à l'extrême gauche et sur quelques bancs au centre.*)

Et cette différence que vous voyez éclater à la seule définition, vous allez la voir réapparaître et se reproduire si, avec une attention fidèle, vous suivez le fonctionnement de l'association et de la congrégation. Qu'une association se crée, voilà que se présentent sur le seuil de la porte des centaines de personnes qui demandent à discuter les statuts, dans un tumulte qui est déjà la manifestation de leur liberté ; voilà que, par la force de l'élection, elles font surgir du milieu d'elles-mêmes celui qui sera le président ou le directeur ; voilà qu'elles gardent le droit de discuter les statuts, de révoquer le directeur, de réclamer des comptes, le droit, dans l'abus nuisible de leur liberté, de briser même l'association.

Qu'une congrégation se crée, est-ce que, s'il la demandait, la parole serait donnée au novice sur les vœux ? Est-ce qu'il a le droit d'élire celui qui sera ou son supérieur ou son provincial ? A-t-il le droit essentiel, attaché à la personne de l'associé, de demander des comptes ? Peut-il briser l'unité de la congrégation ?

M. Cunéo d'Ornano. — Il peut s'en aller.

M. Paul de Cassagnac. — Vous avez bien le mandat impératif. (*Mouvements divers.*)

M. René Viviani. — Si vous poursuivez les conséquences, voilà que cette association dont je parlais, ou bien prospère; ou bien périclite, et que les associés sont en désaccord sur les statuts; il y a la puissance publique qui va les mettre d'accord ou substituera à leur désaccord le contrat judiciaire qui résulte du jugement.

Si les vœux entraînent une discussion, que va-t-il se passer ? Oh ! j'entends votre réponse avant que vous ne la formuliez : mais les vœux n'ont pas de sanction légale, la loi ne les reconnaît pas civilement; le novice ou le moine ne se plaît-il plus dans le couvent, libre à lui : il peut en sortir. Messieurs, c'est vrai ; mais dans un pareil débat, allons-nous jouer sur les mots ? Si vous dites que, moralement, le moine est toujours libre d'en sortir, en effet, il est libre d'en sortir.

M. Gauthier (de Clagny). — Parfaitement ! Et cela s'est vu.

M. Émile Villiers. — Il y en a des preuves nombreuses.

M. René Viviani. — Je ne veux pas dire par là, messieurs, qu'il n'y ait même pas très près de nous des exceptions qui font honneur à ceux qui les constituent, car il faut vouloir d'une volonté peu commune pour se détacher d'une vie à laquelle on s'est attaché ; mais je prends le moine ordinaire qui, en pleine force de sa jeunesse ou dans une heure douloureuse de sa maturité, est entré dans un couvent ; il veut en sortir, mais se retournant sur le seuil de la porte, il aperçoit le spectacle si triste de la société civile avec sa vie si dure, où le travail est si âpre que même le plus courageux s'épuise en efforts inutiles et qu'il se demande comment, sans armes, sans profession, sans métier, il pourra tomber dans cette lutte formidable. (*Applaudissements à l'extrême gauche et à gauche. — Interruption à droite.*)

M. Paul de Cassagnac. — Cela ne regarde que lui !

NUL NE PEUT ALIÉNER SA LIBERTÉ PAR UN ENGAGEMENT PERPÉTUEL

M. René Viviani. — M. de Cassagnac me dit, dans une interruption à laquelle je lui demande la permission d'ajourner ma réponse pour ne pas briser avec ma méthode : « Cela ne regarde que lui ! » J'y arrive et j'arrive en même temps au caractère perpétuel des vœux. Cette perpétuité est absolument contraire, non pas seulement à l'esprit, mais à la législation moderne.

On dit : « Cela ne regarde que lui ! » ou, sous une autre forme : « On a le droit de faire de sa liberté ce qu'on veut ! » Je dis que la liberté ne rencontre pas seulement comme barrière la loi écrite, mais encore la loi naturelle, et c'est par là que je suis fondé à vous répondre qu'on ne peut pas faire ce qu'on veut de sa liberté, on a le droit d'en user, mais à la condition que l'usage ne soit pas l'anéantissement.

Un grand fait historique s'est produit dans le siècle qui vient de finir : je rappelle ce grand fait historique et je prie mes collègues de droite de croire que je n'entends faire aucune assimilation qui soit susceptible de soulever ici des rumeurs.

Vous vous rappelez le beau jour où on a aboli l'esclavage. On ne s'est pas contenté d'abolir l'esclavage, on a décidé que l'esclave ne pourrait pas le lendemain renoncer à sa liberté et on s'est applaudi d'avoir attaché cette clause libératrice à la loi votée quand on a su que le lendemain de sa promulgation, les malheureux, plus misérables que la veille et n'apercevant pas en eux la beauté de la transformation humaine, allaient retomber dans un servage d'autant plus ignominieux qu'il était couvert par une apparence de volonté. (*Vifs applaudissements à l'extrême gauche et à gauche.*)

Je réponds maintenant par le droit et par un article bien connu de mon honorable collègue M. Renault-Morlière qui a dû souvent discuter à son propos. Nous avons l'article 1780 du Code civil qui s'applique, j'imagine, à la société civile et qui décide que tout contrat de louage ayant un caractère perpétuel est interdit, de sorte que, cet article s'imposant à la société civile, les groupements perpétuels sont interdits.

Vous me dites : « On a le droit de faire de sa liberté ce que l'on veut » et vous avez fait des distinctions. Je n'accepte pas ces distinctions. Il n'y a pas la liberté religieuse et la liberté civile, il y a la liberté humaine que la loi règlemente. (*Vifs applaudissements sur un grand nombre de bancs.*)

LE DROIT COMMUN SERAIT-IL APPLICABLE AUX CONGRÉGATIONS ?

Maintenant je me mets d'accord avec vous, mes chers collègues, et je veux par une concession de tribune que je reprendrai tout à l'heure, examiner si le droit commun est applicable. Nous sommes tous d'accord ici, n'est-ce pas? pour donner à une loi sur les associations un principe qui est réclamé de tous le principe de la publicité, c'est-à-dire que nous voudrions que l'État, sous une forme quelconque, et pourvu que cette forme ne soit pas inquisitoriale, connaisse les statuts, l'œuvre à laquelle on s'attache, le nombre des administrateurs et leurs noms.

Voulez-vous me dire dans quelle mesure, monsieur Renault-Morlière, vous êtes prêt à appliquer le droit commun aux congrégations? Voyons! mais si les congrégations le voulaient, pourraient-elles se soumettre à la déclaration et apporter, entre les mains du Gouvernement, leurs statuts? Sont-elles libres vis-à-vis d'elles-mêmes. La vérité, vous le savez, c'est qu'à vraiment parler il n'y a pas en France de congrégations, il y a des sections de congrégations, et que les statuts créés, non pas pour les sections, mais pour la congrégation tout entière, ne peuvent pas être apportés sans que la section brise l'unité de l'ordre et porte atteinte à la force de la congrégation. (*Applaudissements à l'extrême gauche et à gauche.*)

Admettons cependant pour un instant que cela ne soit pas et que la congrégation apporte ses statuts et ses vœux entre les mains du Gouvernement. De quelle arme le Gouvernement sera-t-il muni? Ah! messieurs, qu'une association religieuse se forme, il n'y a là qu'un exercice naturel de la liberté et que nos honorables collègues de droite, que je ne veux pas nommer pour ne pas les mettre en cause, constituent demain une vaste association religieuse avec leurs coreligionnaires et poursuivent très ardemment la propagande religieuse et politique, personne ici n'aura rien à dire ; on opposera association à association. Mais il n'est pas dans les habitudes de nos honorables collègues, sauf quand ils se déplacent pour leurs loisirs ou leurs occupations, de disparaître tout à fait de la société sur un ordre, si respectueux soient-ils vis-à-vis de cet ordre. Est-ce que cela existe pour la congrégation, même très inoffensive ? Et ne sentez-vous pas que dès demain, alors même qu'elle aurait remis ses statuts à l'État, il suffira d'un ordre supérieur pour que les congréganistes se dispersent aux quatre horizons du monde ? (*Très bien! très bien! à gauche.*) Que sera-ce avec le droit commun ? Le droit commun pèsera lourdement, avec malveillance sur les associations laïques, mais il cessera d'agir pour s'arrêter au sommet et à la tête des congrégations. Le droit commun, nous ne pouvons vous l'accorder, car il n'a qu'un nom, il s'appelle pour vous le privilège. (*Applaudissements à gauche et à l'extrême gauche.*)

LES CONGRÉGATIONS ET L'ÉGLISE
VERS LA RUPTURE DU CONCORDAT

Messieurs, je voudrais compléter ici les observations que je vous apporte et examiner la question de la mainmorte ; mais je vous demande la permission d'ajourner ces explications, d'abord parce que nous en retrouverons l'occasion au cours du début sur l'article 11 et ensuite parce que j'imagine que des rangs des républicains des orateurs sortiront pour apporter à la tribune cette discussion nécessaire. Je veux donc me préoccuper de répondre tout de suite aux objections morales et politiques que les défenseurs des congrégations pourront apporter. Il en est une dont la logique, je l'avoue, me désarme. Comment, nous décrétons contraires à l'esprit moderne les vœux prêtés dans les congrégations ! Pourquoi blâmer ces vœux chez les congréganistes alors que nous les permettons quand ils sont faits dans l'Église catholique que nous subventionnons ? Certes, il n'y a pas d'assimilation juridique entre les prêtres et les congréganistes ; les premiers ne vivent pas en commun ; ils ne prêtent pas avec la forme solennelle les vœux qu'on prête dans les congrégations ; ils ne les observent qu'en fait. Les prêtres observent le vœu de chasteté par le célibat et j'ose dire que l'observation de ce vœu est beaucoup plus dure pour le prêtre enveloppé de la vie mondaine que pour le moine qui se trouve soustrait, par la réclusion monacale, aux tentations diaboliques qui livrent tant d'assauts à notre grossière nature. (*Applaudissements et rires à gauche.*)

Ils prêtent aussi le vœu d'obéissance ; le prêtre accepte l'obéissance ultramontaine. Dans cette obéissance de l'évêque ou du congréganiste on ne sait pas lequel manifeste avec le plus d'empressement. De sorte que vraiment la déclaration du Vatican ne nous était pas utile et que l'association de l'Église et des congrégations n'est pas un fait nouveau.

Et alors, je demande au Gouvernement, en face de cette association éternelle, logique, naturelle, entre l'Église catholique et la congrégation, ce que nous allons faire et pourquoi nous poursuivons la congrégation si nous gardons cette attitude vis-à-vis de l'Église catholique. (*Très bien ! très bien ! sur divers bancs.*)

M. Paul de Cassagnac. — C'est un bloc !

M. René Viviani. — Le Gouvernement peut se demander, avant d'agir, si l'alliance qui est en face de lui est durable ou éphémère. La soudure de l'Église et des congrégations est-elle une soudure d'un jour? Est-elle à la merci d'une intrigue politique, d'une négociation heureuse, d'un changement de gouvernement ou même d'un changement de régime? Au contraire, emportée par ses traditions et par sa logique, par son histoire, par le caractère nécessairement international de la foi catholique, l'Église n'est-elle pas arrivée à constituer une association tellement étroite avec la congrégation que, pour le grand corps catholique, elles sont, l'une et l'autre, ce que sont pour le corps ordinaire la chair et le sang?

Mais s'il en est ainsi, si cette association est éternelle, durable, voulue par l'histoire et par la logique, quelle attitude allons-nous garder? J'imagine que nous ne serons pas encore longtemps aux prises avec ces subterfuges libéraux qui consistent, pour nous faire prendre patience, à dire qu'il y a une différence entre le catholique le plus sincère et le clérical. Je ne voudrais pas trop profiter de la tribune ni imposer à mes honorables collègues du centre la belle réponse que fit sur ce point M. Buffet à M. Jules Ferry.

M. le comte Albert de Mun. — Vous avez raison, dites-la : elle est magnifique et nous l'acceptons tout entière.

M. René Viviani. — Je craindrais la comparaison. (*Sourires.*)

Si cette alliance est durable, si vous ne pouvez pas attendre d'un événement imprévu un divorce dans le monde catholique, qu'allez-vous faire? Allez-vous, vous référant aux luttes anciennes et ardentes de l'Église avec la congrégation, vous imaginer qu'elles peuvent réapparaître? Il y avait, avant la

Révolution, des raisons de désunion, qui ont fait place, depuis, à des raisons de concorde et de sympathie. Autrefois l'Église catholique était une personne morale possédant d'immenses propriétés, qui étaient constituées par des dons et des legs, et on comprend à merveille que quand une congrégation venait s'installer dans le voisinage d'un diocèse, comme elle ne pouvait vivre que de dons, il s'établissait entre le diocèse et la congrégation une rivalité pécuniaire très vive. Mais l'Église catholique ne reposait pas seulement ses pieds sur une propriété immense, elle avait en mains des privilèges incontestés et, pour n'en citer que deux, le droit de juridiction et les registres de l'état civil. Sur ses privilèges, elle pouvait s'appuyer pour résister à l'action du pouvoir local, sans avoir besoin de chercher à l'extérieur un point d'appui.

La Révolution, dans une œuvre de justice et de logique, a mis à la disposition du pays les biens du clergé, créé la constitution civile du clergé. Mais de ce jour, — il faut le reconnaître, car on ne peut pas tout avoir, — l'Église catholique n'avait plus aucune raison d'animosité contre les congrégations.

Bonaparte a essayé de la retenir en la rivant d'une main de fer au Concordat, en l'avilissant et en obligeant les plus hauts dignitaires de l'Église à assister à la cérémonie du sacre au moment où, à Savone, il persécutait et emprisonnait le pape. Les libéraux de la Restauration, du règne de Louis-Philippe, dans une œuvre dont on nous a vanté la tactique, mais dont nous avons surtout vu l'inanité, ont essayé de gagner l'Église catholique par une œuvre de douceur, de lui restituer son caractère gallican afin de se servir d'elle pour défendre les intérêts conservateurs. Mais où la violence de Bonaparte, où la tactique de

M. Thiers, de M. Guizot, de M. Dufaure ont échoué, que voulez-vous faire? Y aurait-il par hasard des républicains qui se payeraient de cette illusion suprême et qui, souhaitant la tactique dont j'ai entendu parler et au succès de laquelle je ne crois pas, prétendraient qu'il faut se préoccuper des multiples desservants, se les attacher par les liens du salaire, c'est-à-dire par les liens de la gratitude. Les desservants n'ont de recours contre l'arbitraire de l'évêque qu'aux pieds du pape et ils ont intérêt à garder avec le Vatican des relations respectueuses. L'évêque, contre ce qu'on a appelé le prolétariat indiscipliné de l'Église, n'a de recours qu'aux pieds du pape et il a intérêt à garder avec le pape ses relations. De sorte que, par en haut et par en bas, par les deux bouts, l'Église est enchaînée. Ajoutez à cela le caractère international de la foi catholique et vous aurez dans les mains toutes les pièces du procès, c'est-à-dire toutes les raisons religieuses et économiques qui permettent d'affirmer que l'alliance entre l'Église et les congrégations est durable et vivante (*Applaudissements à l'extrême gauche et à gauche.*)

M. le comte de Mun. — Nous en acceptons l'augure!

M. René Viviani. — Alors qu'allez-vous faire? Allez-vous essayer de réformer le Concordat et de remettre aux mains de l'évêque je ne sais quelle juridiction?

Je me rappelle que, dans une lettre ouverte à l'honorable M. Méline, M. Jonnart défendait cette thèse, M. Jonnart que nous regretterions de ne pas apercevoir à son banc s'il n'accomplissait en ce moment-ci, pour le bien et l'honneur de la République, une œuvre de travail et de pacification. (*Applaudissements sur les mêmes bancs.*) Et la plume de l'honorable M. Jonnart n'était pas encore séchée, elle était encore, je crois, dans l'encrier, que le cardinal Richard, qui aurait eu droit de juridiction d'après cette opinion de celui qui est encore notre cher collègue, au lendemain du jugement du tribunal correctionnel de la Seine, allait féliciter les Assomptionnistes. Remettre aux évêques le droit de discipliner les congrégations et de les commander, vraiment ce n'est pas remettre entre les mains de l'État une arme bien forte. Il faut en finir avec ces expédients. Il faut qu'après tout on puisse se demander à quoi servent des ambassadeurs, puisque c'est toujours à la presse qu'on donne des déclarations. (*Applaudissements et rires.*)

Mais enfin, que vous blâmiez ou non en la forme la déclaration, permettez-moi de vous dire que ce ne sont pas seulement des déclarations platoniques et que, quand le pape parle, il parle avec une force souveraine pour le monde catholique (*Applaudissements à droite*), et que ses déclarations font dans le monde catholique une impression qui se traduira par des animosités et par des colères. Alors, comment arriverez-vous à défendre le Concordat, cette œuvre dont, on le voit bien, l'Église ne veut plus ?

Nous demandons à la société civile de prendre une attitude, de forcer l'Église à respecter le contrat qu'elle ne peut pas invoquer et déchirer à la fois. (*Très bien ! très bien ! à l'extrême gauche et à gauche.*) Si puissante que soit la main de l'Église, elle n'est pas assez large pour contenir toutes les libertés et tout le privilège, et elle ne peut pas être ultramontaine pendant vingt-neuf jours et gallicane le jour où elle va recevoir son salaire. (*Applaudissements à l'extrême gauche et à gauche. — Rumeurs à droite.*)

M. de Gailhard-Bancel. — Ce salaire est une restitution.

M. René Viviani. — Ou bien, si cela est impossible, et je crois que c'est impossible, votre contrat interprété libéralement ou violemment sera emporté par la logique des choses. Il faut prendre une attitude et dire à l'Église de déposer ses privilèges et de former, comme en 1798, une association religieuse, et alors, au nom de la liberté, de la science et de la raison, nous lui opposerons nos associations. (*Applaudissements à l'extrême gauche.*)

LES CONGRÉGATIONS NE SONT PLUS DES ASILES DE PAIX ET DE PRIÈRE

Mais, messieurs, est-ce qu'en frappant les congrégations nous ne risquons pas de porter atteinte à des œuvres matériellement et moralement utiles? Est-ce qu'en frappant les congrégations, nous ne risquons pas de détruire, ce qui est un fait, ce qui n'est pas niable, ces congrégations qui distribuent des soins autour d'elles, qui donnent l'enseignement et, par conséquent, dans l'ardeur du combat, de frapper, à travers des ennemis, des êtres innocents? — Je répondrai tout à l'heure à cette question. — Mais est-ce que nous ne risquons pas de détruire des œuvres moralement utiles et, par exemple, de détruire ces asiles de paix et de silence où, fatigués du poids de la vie, ayant au flanc quelque secrète blessure, des êtres vont chercher dans la prière l'oubli des misères d'ici-bas? Est-ce que, aux yeux de nos adversaires, l'attentat que nous méditons contre la liberté ne serait pas doublement monstrueux, puisqu'il aboutirait à enlever à la misère morale l'abri dont elle a besoin! C'est Berryer qui, en 1845, si je ne me trompe, a apporté l'écho de ces plaintes à la tribune pour la première fois, et je crois qu'aucun des orateurs catholiques qui sont sur ces bancs ne les pourra reprendre avec une plus magnifique ampleur. Et si je porte ce courtois défi à nos adversaires, ce n'est pas parce qu'un homme comme M. de Mun, par exemple, ne pourrait pas porter aisément le poids de ce glorieux héritage (*Très bien! très bien!*) mais parce que, entre les époques, il y a eu pour les congrégations cette transformation sociale dont on parle tant.

D'abord, le Gouvernement pourrait répondre qu'il n'anéantit pas les congrégations, qu'il les réglemente et que ces asiles de paix et de silence resteront aujourd'hui ce qu'ils étaient hier. Mais où donc sont-ils ces asiles de paix et de silence? Et depuis le jour où déjà Berryer défendait des plaintes infondées, que sont-ils devenus? Nous connaissons ces asiles où l'on aiguise, non pas même pour frapper les républicains au visage, mais pour les poignarder dans le dos, toutes les calomnies. (*Vifs applaudissements à gauche et à l'extrême gauche.*) Nous connaissons ces asiles où, coulant à flots de toutes les sources de la crédulité, s'entasse l'encaisse métallique des coups d'État césariens. (*Nouveaux applaudissements sur les mêmes bancs. — Vives protestations à droite.*)

Je m'étonne des rumeurs si graves et des interruptions passionnées que soulève mon langage. Suis-je le premier à le tenir?

Mais, il y a cent cinquante ans, il y avait des hommes, des catholiques sincères, des catholiques pratiquants. Ils vivaient à une époque où ces asiles de paix, de contemplation, étaient encore nombreux. Est-ce que cela enchaînait sur leurs lèvres le réquisitoire enflammé qu'ils ont dirigé contre les congrégations? Avez-vous oublié l'arrêt du Parlement de 1762, et les plaintes de Montlosier, ce catholique pratiquant? (*Applaudissements à l'extrême gauche. — Interruptions à droite.*) Avez-vous oublié et les discours de Dufaure et les discours de Thiers? Et faut-il remettre sous vos yeux cette page brûlante, écrite par de Broglie et lue une fois dans une autre enceinte? Et pourquoi parlaient-ils, ces catholiques, pourquoi parlaient-ils, ces libéraux? Ah! je ne ferai pas dévier l'histoire de son sens; M. de Lanjuinais, M. de Broglie, M. Montlosier ne prétendaient défendre ni la pensée laïque ni la pensée libre, ils défendaient l'Église catholique, parce qu'ils entendaient lui garder son caractère gallican; et, comme je l'ai dit tout à l'heure, les libéraux, par une tactique politique que je n'ai pas à juger, entendaient s'emparer d'une partie de la pensée catholique, pour la faire servir à leurs intérêts de parti. Mais comment! Ces hommes, qui défendaient leurs convictions, — je n'ai pas à les juger, — auraient tenu ce langage enflammé, ces hommes se seraient abandonnés à ces indignations, que vous retrouvez à la lecture des textes; ils auraient demandé contre les congrégations des mesures, au nom de l'Église et au nom du libéralisme, et nous n'aurions pas le droit de demander ces mesures, de faire entendre ces cris, quand nous défendons ici la cause sainte de la société civile et de la Révolution? (*Vifs applaudissements à gauche et à l'extrême gauche.*)

CAUSES DE L'EXTRAORDINAIRE DÉVELOPPEMENT DES CONGRÉGATIONS

Mais à quoi donc a-t-elle servi cette Révolution ? et comment se fait-il, si elle a laissé une trace si profonde dans le siècle qui disparaît, comment se fait-il que nous voyions à l'autre bout les congrégations s'accroître et devenir si périlleuses? Comment se fait-il que nous voyions les couvents s'amonceler et par quelle ironie monstrueuse, à la fin d'un siècle où la science, la critique et la philosophie ont éclairé l'esprit humain, voyons-nous leurs propriétés immobilières et mobilières sans cesse accrues, les couvents et les congrégations plus nombreux, plus nombreuse aussi la population qui s'y abrite? Comment se fait-il qu'en 1789, on comptait 37.000 femmes dans les couvents, et comment se fait-il qu'à l'heure où je parle, il y en ait 160.000 et qu'il y ait, d'autre part, 37.000 hommes dans les couvents ?

On ne peut pas porter remède à une situation si l'on n'essaie pas d'en rechercher les causes. Il semble bien qu'à cette situation il y ait trois causes : une cause sociale, une cause morale, une cause politique.

M. Paul de Cassagnac. — Il y a l'augmentation de la foi !

M. René Viviani. — J'y viendrai, monsieur de Cassagnac.

D'abord, il y a une cause sociale. Comment expliquer qu'il y ait dans les couvents d'aujourd'hui 160.000 femmes, au lieu de 37.000 au dix-huitième siècle ? Il faut que la société laïque se pose cette question et rentre en elle-même. La société laïque n'a donné à la femme ni droits, ni protection (*Applaudissements à l'extrême gauche et à gauche*) ; on l'a volontairement écartée des grands problèmes, et la société religieuse est venue qui a cueilli, pour ainsi dire, cette pensée dans la solitude (*Nouveaux applaudissements sur les mêmes bancs*), et qui, par le confessionnal, par les confidences, par toutes les formes adoucies de la religion, a entraîné la femme dans le cloître et s'en est fait une auxiliaire. Pour les hommes, il y a les conditions économiques de la vie, toujours si dure, si âpre ; il y a la lutte pour l'existence, et l'on conçoit à merveille que, quelquefois, l'oubli du souci matériel, donné même en échange de la pensée, puisse apparaître au fond d'un couvent comme une séduction suprême.

Il y a aussi une cause morale : c'est que la société laïque fait entendre un langage toujours moins séducteur que celui que fait entendre la société religieuse. La société religieuse demande à l'être la prière, la croyance, la résignation, quelquefois l'inaction, et si elle ne lui demande pas de ne pas accomplir son devoir, il se trouve une autorité supérieure qui connaît ce devoir et qui l'inspire. La société laïque demande à l'être libre l'effort, le courage, l'action ; elle lui demande de prendre à travers les épreuves de la vie toutes les responsabilités, et non pas seulement — ce qui est facile, après tout, — d'accomplir son devoir, mais avec ses seules lumières, de le chercher. (*Vifs applaudissements à gauche et à l'extrême gauche.*)

Il y a aussi une grande cause politique. Jusque vers 1848, les libéraux ont combattu les congrégations. A cette époque, ils se sont aperçus de l'inanité de leur tactique et ils ont vu sous leurs yeux s'opérer la jonction logique de l'Église et des congrégations, et, effrayés par l'apparition du socialisme, entre les intérêts de la société et ceux de la pensée, ils ont gardé les intérêts pour livrer la pensée. (*Applaudissements à gauche et à l'extrême gauche.*) S'ils n'avaient livré que leur pensée, le peuple avait en lui des réserves de pensée assez fortes pour remplacer sur le champ de bataille ce parti qui désertait la cause de la Révolution. (*Nouveaux applaudissements sur les mêmes bancs.*) On a livré tout, tout aux congrégations, avec la pensée des générations. (*Applaudissements à gauche et à l'extrême gauche.*)

Sous le règne de Louis-Philippe, on avait donné 15 autorisations aux congrégations, c'est-à-dire pas même une par an ; sous la deuxième République, on a donné 207 autorisations, c'est-à-dire 50 par an ; et sous le second Empire jusqu'en 1860, 982 autorisations, c'est-à-dire 109 par an ! Mais à ces congrégations auxquelles on donnait l'autorisation refusée sous Louis-Philippe, il fallait accorder un aliment, une vie. Qu'à cela ne tienne ! On a fait tomber entre leurs mains l'assistance publique, et par la trahison monstrueuse constituée par la loi Falloux, on leur a remis la pensée moderne, le cerveau de l'enfant. (*Vifs applaudissements à gauche et à l'extrême gauche.*)

Eh bien, messieurs, il s'agit de savoir, au point où en sont les choses, ce qu'il convient de faire. Nous allons voter une loi sur les associations, mais même si elle était plus parfaite, elle ne résoudrait pas la totalité du problème. On ne peut pas réglementer les congrégations ; je dirais même, demandant la permission d'expliquer immédiatement ma pensée, que matériellement on ne peut pas les supprimer. Pourquoi ? Parce que les congrégations, qu'on le veuille ou non, constituent un fait politique et économique, et que si la loi écrite peut quelquefois détruire un fait politique, elle ne peut détruire un fait économique.(*C'est vrai! — Très bien! très bien!*)

QUE FAUT-IL FAIRE?

Mais alors que faut-il faire? Il faut entrer chez les congrégations et les remplacer ; il faut substituer à cette charité qui connaît les personnes la solidarité qui embrasse, sans les connaître, tous les hommes. (*Vifs applaudissements à gauche et à l'extrême gauche.*) Il faut constituer un système d'assurance sociale et détourner vers ce foyer d'activité et de lumière tout ce qu'il y a dans la société laïque de force et de dévouement.(*Nouveaux applaudissements sur les mêmes bancs.*) Il faut reprendre l'enseignement et faire comprendre qu'on ne peut pas toujours être victime des mots et des formules ; que certainement la liberté de l'enseignement, si elle était possible, serait bonne, mais qu'entre le monopole de fait créé par l'Église et le monopole de la société civile et revenant à l'État, il n'y a pas à hésiter.

M. Fernand de Ramel. — Vous avez le monopole et vous craignez la concurrence!

M. René Viviani. — Mais, dites-vous bien que même lorsque vous aurez fait cela, vous n'aurez tranché qu'une partie du problème. Comme je vous le disais au début, est-ce que vous croyez que si cette loi nous mène à un débat définitif, elle nous mène à la dernière bataille? Mais ce n'est là qu'une escarmouche au regard des batailles du passé et de l'avenir! La vérité, c'est que se rencontrent ici, selon la belle expression de M. de Mun en 1878, la société fondée sur la volonté de l'Homme, et la société fondée sur la volonté de Dieu. (*Très bien! très bien!*) Il s'agit de savoir quelle est, dans cette bataille, l'attitude que nous allons prendre et si une loi sur les associations va vous suffire.

Eh bien! je viens dire, — si sévères que soient mes paroles, — les congrégations et l'Église ne nous menacent pas seulement par leurs agissements personnels, mais par la propagation de la foi. Il semble — je dis que c'est une apparence — qu'à mesure que la République a gagné en étendue, elle ait perdu en hauteur; il semble qu'en devenant un fait, elle ait cessé d'être une croyance, et que, obligée de se baisser, ne fût-ce que pour saisir dans la réalité les rouages du pouvoir, elle ait laissé tomber près d'elle ce pouvoir supérieur à tous les autres pouvoirs, qui s'appelle le prestige de l'idéal. (*Vifs applaudissements à gauche et à l'extrême gauche.*)

L'abus des mots, l'absence des réformes, les promesses toujours protestées, tour à tour la terreur et la haine de ce prolétariat admirable de générosité et de patience,c'est par là que peu à peu la République, semble s'être dépouillée de sa primitive beauté. Eh bien, si vous voulez la faire vaincre cette République, il faut la redresser et l'ennoblir! Ne craignez pas les batailles qui vous seront offertes, allez; et, si vous trouvez en face de vous, comme M. de Mun nous l'a promis, cette religion divine qui poétise la souffrance en lui promettant les réparations futures, opposez-lui la religion de l'humanité, qui, elle aussi, poétise la souffrance, en lui offrant comme récompense le bonheur des générations. (*Applaudissements prolongés à l'extrême gauche et à gauche.*) Mais il peut se faire cependant, que, au bord de la route, vous trouviez des hommes qui, écrasés par l'atavisme religieux, ne se mêlent à votre action qu'avec quelque tristesse, parce qu'ils seront, au fond d'eux-mêmes, tourmentés par le problème de leur propre fin. Dites-leur que, s'ils tiennent à se survivre, ils n'ont qu'à donner le surplus et le meilleur d'eux-mêmes à la seule puissance qui soit vivante et immortelle, à la Justice. (*Double salve d'applaudissements à gauche et à l'extrême gauche. — L'orateur, en regagnant son banc, reçoit les félicitations d'un grand nombre de ses collègues.*)

II

L'ENSEIGNEMENT DE LA RÉPUBLIQUE

Par une Société meilleure, une meilleure Université.

DISCOURS PRONONCÉ A LA CHAMBRE DES DÉPUTÉS

(*Séance du* 13 *février* 1902)

> Ce qu'il faut demander à nos maîtres, c'est de ne pas faire du cerveau de l'enfant une sorte de magasin, où, comme des colis, les connaissances s'entassent pêle-mêle, mais un instrument qui fonctionne, qui s'améliore de jour en jour, et qui finisse par saisir cette qualité maîtresse de l'intelligence humaine, qui s'appelle la faculté d'assimilation.

Messieurs,

Quelle que soit l'opinion que nous possédions sur le fond du débat, si différentes des conclusions proposées que soient nos conclusions propres, il nous faut tout de même remercier la commission de l'enseignement du puissant labeur que, pendant trois

4.

ans, elle a fourni ; elle nous donne aujourd'hui par ce labeur l'attrait d'une discussion désintéressée dont nous devons d'autant plus goûter le charme que cette discussion se produit à un moment où, par elle-même, elle peut offrir un réconfortant contraste avec l'âpreté naissante de la littérature électorale. (*Très bien ! très bien ! Sourires.*)

Quand je dis que cette discussion est désintéressée, je ne veux pas dire par là qu'elle doive être platonique ; elle est si peu platonique que nous trouvons en elle un avantage qu'en vain nous rechercherions dans la discussion du plus pratique projet de loi. Dans la discussion d'un projet de loi, en effet, notre vote étant acquis, il nous faudrait attendre que se produise l'assentiment sénatorial ; tandisque, s'il n'est pas rigoureusement enchaîné à toutes nos paroles, le ministre compétent est moralement tenu par le débat, si bien que demain, par l'œuvre immédiate des décrets, nous verrons se répercuter dans les méthodes d'enseignement les échos de la discussion actuelle.

QUESTION NATIONALE : LA FRANCE PERDRA-T-ELLE SON RAYONNEMENT DANS LE MONDE SI A LA CULTURE CLASSIQUE ELLE SUBSTITUE UNE ÉDUCATION PRATIQUE ?

J'ajoute, d'accord, j'en suis, sûr avec toute la Chambre, reprenant une parole par laquelle hier je protestais contre la disjonction, qu'il n'est pas de débat plus haut, que c'est notre honneur de nous en être saisi et d'avoir voulu, avec tant d'insistance, y marquer notre compétence. Je concède qu'au début cette compétence paraissait s'effaroucher devant l'esprit un peu spécial des questions pédagogiques posées ; je concède qu'au début, à prendre d'une main d'abord vaillante et ensuite aisément fatiguée, les lourds volumes que la commission de l'enseignement nous a transmis, on sentait se communiquer à l'esprit cette impression, qu'il s'agissait là d'une œuvre purement technique pour laquelle le Parlement n'était pas valablement saisi.

Je puis dire qu'à cette heure, cette apparence trompeuse s'est dissipée sous l'action des discours substantiels et brillants que vous avez recueillis. C'est qu'en effet la prétendue infériorité du latin et l'inutilité du grec, la prétendue supériorité de l'enseignement moderne sur l'enseignement classique, la prééminence exagérée des langues vivantes sur les langues anciennes, le sort du répétitorat, la mission des professeurs, la question de l'Internat, ce sont là des questions qui se rattachent les unes aux autres par des liens vivants, si bien que lorsqu'à travers elles le regard s'obstine, il voit peu à peu se dresser une importante question nationale. (*Très bien ! très bien ! sur un grand nombre de bancs.*)

Et cette question, il est permis, s'il n'est pas facile, de la ramener à cette formule très nette : étant donné que, dans une démocratie surtout, l'école doit avoir un rôle social, quel est ce rôle ? l'école doit-elle surveiller et au besoin éveiller dans l'enfant les vocations incertaines, en rapport avec ces vocations, lui donner une instruction spéciale et pratique qui le fortifiera pour la vie. L'école ne doit-elle pas, au contraire, dédaigner ces vocations, apercevoir dans l'enfant non pas le spécialiste futur, mais le futur citoyen, proposer à son esprit des aliments généreux, lui donner cette culture désintéressée qui, lorsqu'il aura subi les assauts de la réalité, restera le charme et le réconfort de sa vie? (*Applaudissements.*)

Et comme, en pareille matière, il n'est pas de question personnelle qui ne puisse et qui ne doive s'élargir à la mesure qu'une question générale, c'est sous une forme plus ample encore et aussi pressante que le problème doit se poser. La France doit-elle vraiment à l'intensité de la culture classique que, depuis trois siècles, elle distribue à ses enfants le rayonnement littéraire, artistique et moral qu'elle prolonge encore sur le monde? Sera-t-elle intellectuellement déchue, si à cette culture elle en substitue une autre, et ne doit-elle pas craindre, comme certains l'en avertissent, que, par l'excès même d'une culture désintéressée, elle ne soit amenée à fermer l'oreille à certains bruits, à fermer les yeux au tour spécial que prennent certaines questions, à laisser dans son enseignement trop de place à la spéculation, pas assez de place à la réalité, si bien que, payant une fois de plus la rançon du rêve, elle serait exposée à piétiner dans l'arène commerciale et industrielle où de plus jeunes nations l'ont devancée?

Quelle que soit l'opinion qu'on apporte ici, c'est à l'une ou à l'autre de ces questions qu'il faut s'attacher. Quant à nous, sans en redouter la solution, l'apercevant au contraire dans la conciliation équitable des deux questions, nous disons qu'il suffit de poser ce problème pour marquer ce débat de son véritable caractère et pour dire que d'abord, dans la haute et noble acception du mot, c'est un débat vraiment national. (*Très bien! très bien! à l'extrême gauche et à gauche.*)

QU'EST-CE QU'ABROGER LA LOI FALLOUX ?

J'ajoute qu'il faudrait être positivement aveugle pour ne pas apercevoir, derrière les questions pédagogiques, s'agiter un immense intérêt politique. Je m'adresse aux républicains et, parmi les républicains, à cette fraction grandissante qui, je l'espère, s'égalera demain à la majorité, et qui poursuit résolument l'abrogation de la loi Falloux. (*Applaudissements à l'extrême gauche et à gauche.*)

Lorsque nous demandons l'abrogation de la loi Falloux, nous n'apportons devant l'opinion publique qu'une formule vaine et illusoire si, dans notre pensée, elle demeure une formule négative. Abroger la loi Falloux et se contenter de cela, c'est creuser dans la législation scolaire et politique un trou comme on en a creusé un dans la Constitution, quand on y a supprimé les prières publiques. Abroger la loi Falloux, c'est s'obliger par une opération instantanée à reconstituer le monopole universaire ; à faire, par conséquent, une œuvre à la fois politique et pédagogique, et alors je le demande à tous, je le demande surtout à mes amis, lequel d'entre nous, surtout à l'aube du vingtième siècle, voudrait reconstituer une Université pareille à cette Université de 1850 qui déjà, à cette époque, était tellement fatiguée, tellement vieille, tellement ridée qu'à la première séduction de l'ennemi, au premier sourire de l'Église, elle a été abandonnée et trahie par ses plus fervents adeptes. (*Applaudissements à gauche et à l'extrême gauche.*)

Il faut donc reconstituer une Université nouvelle, faire circuler en elle un sang généreux, assouplir sa marche, rajeunir sa méthode et, par l'infinie variété de l'enseignement, offrir aux familles une telle séduction, qu'à la contrainte légale qui demain résultera de nos votes, vienne s'ajouter la contrainte morale qui résultera du fait. Et alors il est indispensable de commencer par résoudre les questions pédagogiques qui sont posées, de les entrevoir comme des questions préjudicielles à l'abrogation de la loi Falloux, de considérer ce débat comme un sûr acheminement à l'autre débat. (*Très bien ! très bien ! à l'extrême gauche*), si bien que demain, lorsque, déchargés d'une partie du fardeau, plus allègres et plus vaillants, nous nous présenterons sur le terrain du combat, si nous y trouvons encore ces objections philosophiques et morales qui, dans le temps et dans l'espace, seront toujours les mêmes, nous ayons réduit dans la mesure du possible ces objections pratiques et pédagogiques qui, ne vous y trompez pas, jusque dans nos rangs, font une visible impression. (*Très bien ! très bien !*)

INSTRUCTION POUR LA BOURGEOISIE RICHE ET NON POUR LA CLASSE OUVRIÈRE

Messieurs, ayant marqué ce débat de son caractère politique, je voudrais, tel qu'il m'apparaît, le marquer de son caractère social. On vous propose de rajeunir l'enseignement secondaire et, comme l'honorable M. Levraud l'a prouvé, comme cela n'est que trop facile à démontrer, d'assurer la prééminence éclatante de l'enseignement moderne sur l'enseignement classique. Au profit de quels enfants, au profit de quelle catégorie de familles les conclusions de la commission d'enquête sont-elles ici apportées? Elles sont apportées — et je n'incrimine en rien les personnes, — au profit des seuls enfants qui, de par leur famille, ont la possibilité pécuniaire de venir s'asseoir sur les bancs du lycée (*Applaudissements à l'extrême gauche*), c'est-à-dire au profit des enfants de la bourgeoisie riche, et, sauf d'honorables exceptions, au détriment des enfants de la bourgeoisie pauvre et surtout de la classe ouvrière. (*Très bien! très bien! sur les mêmes bancs.*)

Et hier encore, quand je lisais les feuilles nombreuses qui constituent le dossier de la commission d'enquête, et le rapport de l'honorable M. Ribot, et la lettre à lui écrite par l'honorable M. Leygues, je pesais dans la solitude les accusations si souvent dirigées contre nous, quand vous nous reprochez de vouloir, par la violence de doctrines artificielles, ressusciter des classes qui, paraît-il, auraient été abolies par la Révolution. Or, il n'y a pas eu, depuis longtemps, un projet de loi, il n'y a pas eu un acte publié qui, plus que celui-ci, ait marqué une différence plus essentielle entre la bourgeoisie et la classe ouvrière. (*Très bien! très bien! à l'extrême gauche.*) De sorte que demain, dans les débats que l'avenir nous réserve, lorsque nous aurons à vous montrer une fois de plus qu'en vertu d'une loi historique les classes sont perpétuellement aux prises sur le champ de bataille économique, c'est à vos conclusions présentes, à votre projet actuel que nous aurons recours pour fortifier notre argumentation. (*Applaudissements sur les mêmes bancs.*)

J'entends bien : quelques-uns d'entre vous, avec une générosité d'esprit à laquelle je rends hommage, mais faisant ainsi l'aveu que cette différence que je relève est essentielle, qu'elle est profonde, qu'elle est injuste, ont demandé qu'un jour vienne où la gratuité de l'enseignement secondaire soit décrétée. Je n'ai pas besoin de dire que je m'associe aux paroles que prononçait tout à l'heure l'honorable M. Levraud, que nous tous, nous adhérons de tout cœur à cette formule, que nous accomplirons tous les efforts nécessaires pour en faire une réalité. Mais quand même nous aurions aujourd'hui décrété la gratuité de l'enseignement secondaire, quand même nous aurions trouvé les ressources nécessaires pour cette œuvre, quand même votre beau geste s'achèverait dans un acte, est-ce que vous auriez résolu dans son ampleur tout le problème? Il ne faut pas oublier qu'à l'heure actuelle, les maisons où l'on distribue l'enseignement secondaire sont si peu nombreuses que les familles aisées elles-mêmes sont obligées souvent de confier leurs enfants à l'internat et, par conséquent, de s'imposer des frais et des sacrifices supplémentaires.

Je demande alors ce qu'il adviendrait demain des enfants de la classe ouvrière, même quand la gratuité de l'enseignement secondaire aurait atténué une partie du fardeau, et s'ils ne seront pas obligés de parcourir de longues distances pour aller de leur humble domicile au collège ou au lycée lointains. (*Applaudissements à gauche et à l'extrême gauche.*)

M. Allemane. — Toute la question est là !

M. René Viviani. — J'ajoute qu'il ne faut pas oublier l'état économique dans lequel nous vivons. Quand même vous auriez décrété la gratuité de l'enseignement secondaire ; quand même, par une sorte de miracle laïque, nous aurions fait demain se multiplier sur l'étendue du sol national toutes les maisons d'éducation secondaire, est-ce que nous aurions atteint par là le terme de la difficulté ? Je le rappelle, il ne faut pas oublier l'état économique où nous sommes ; il ne faut pas oublier qu'à l'heure présente, dès qu'il est en possession de sa misérable force physique, l'enfant de l'ouvrier est dirigé sur le chemin de la fabrique, sur le chemin de l'atelier, là où il trouve la trace de sa mère, dans une société qui, pour créer la force, semble avoir besoin d'abord d'épuiser la grâce et la jeunesse. (*Vifs applaudissements à l'extrême gauche.*) Il ne faut pas oublier qu'à la fin de la semaine, l'humble pécule familial s'additionne du salaire du père, du salaire de la mère, du salaire de l'enfant, et que l'enfant de l'ouvrier ne peut pas, par conséquent, vouer son adolescence tout entière au culte désintéressé de la beauté. Je ne veux pas fermer les yeux à l'évidence et au progrès ; je rappelle que si, à la fin de l'Empire, l'enfant était prématurément appelé au travail, à l'âge de sept ans, à l'heure actuelle, sous l'impulsion démocratique, c'est à douze ou treize ans qu'il est recruté pour le travail. Mais je constate cependant que ces lois sociales dont je parlais ne sont pas prêtes, que les maisons d'éducation secondaire ne sont pas assez nombreuses, que la gratuité de l'enseignement secondaire n'est pas encore décrétée ; que ce qu'il y a de fait, que ce qu'il y a de préparé, que ce qu'il y a de tangible et de palpable, ce sont vos conclusions, ces conclusions qui marquent la différence essentielle entre la bourgeoisie riche et la classe ouvrière. (*Applaudissements à l'extrême gauche.*)

L'ACCESSION DES ENFANTS DE L'OUVRIER AU LYCÉE SERAIT UN BIENFAIT SOCIAL ET UN BIENFAIT POUR L'UNIVERSITÉ.

Est-ce à dire, messieurs, qu'ayant apporté à la tribune ces constatations, nous n'ayons plus qu'à disparaître, à déserter le débat ? C'est l'honneur de la classe ouvrière, je le rappelle, de donner à ses représentants le mandat de mêler leurs voix à toutes les questions nationales, même lorsque dans la solution cherchée il n'y a pas d'avantage particulier pour la classe ouvrière. C'est qu'il n'est pas de problème qui ne touche directement la classe ouvrière ; il n'est pas indifférent aux ouvriers de savoir quelle instruction sera distribuée dans les lycées et ce que sera la génération de demain, si elle sera rétrograde ou libérale, si elle sera égoïste ou généreuse, si elle aura le culte du résultat immédiat ou celui d'un idéal même dissemblable du sien. Cependant je voudrais pouvoir peser les bienfaits que l'accession des ouvriers au lycée pourrait nous permettre de posséder. Je ne parle pas du bienfait particulier que recueilleraient les enfants de l'ouvrier, car avant d'apporter devant la Chambre cette démonstration éclatante, j'attendrai que quelqu'un se fût levé pour essayer de prouver que soit le bonheur individuel, soit le bonheur social résident dans l'ignorance. Je ne parle pas du bienfait général que recueillerait la démocratie, car il n'est que trop visible qu'un pareil pays a intérêt à l'élévation intellectuelle de ses enfants. Mais je parle du bienfait particulier que recueillerait l'Université et que, j'en suis sûr, elle retiendrait dans ses fortes mains.

Vous êtes-vous demandé quelquefois, messieurs, les raisons complexes et multiples pour lesquelles, malgré les efforts méritoires des maîtres, de degré en degré, de chute en chute, l'enseignement secondaire est tombé au niveau où nous l'avons trouvé. C'est que les élèves, guidés par le goût utilitaire du siècle, viennent au lycée beaucoup moins pour chercher dans l'enseignement la beauté intrinsèque que l'utilité immédiate, pour chercher dans l'enseignement les parcelles avec lesquelles ils pourront traverser l'épreuve publique du baccalauréat et déboucher dans toutes les carrières et dans toutes les fonctions. Si bien que, gagnés par les élèves, gagnés par les familles, gagnés par l'ambition utilitaire des jeunes générations, après d'honorables résistances, les maîtres ont laissé tomber peu à peu l'enseignement classique, l'ont dépouillé peu à peu de son caractère théorique et l'ont laissé glisser au niveau utilitaire d'où nous l'avons relevé.

Eh bien ! j'ose dire, sans apporter en pareille matière une affirmation trop tranchante, que la présence des enfants de l'ouvrier dans le lycée modifierait la situation. C'est qu'avertis par l'expérience, sachant qu'on ne peut entrer dans une carrière qu'en ayant des loisirs et qu'on ne peut avoir de loisirs qu'en ayant de l'argent, après quelques révoltes intellectuelles, ils se résigneraient peu à peu à vivre, dans l'état présent, à la fois comme des hommes instruits et comme des travailleurs manuels; ils formeraient dans le lycée ce petit groupe noblement privilégié, désintéressé, demandant à l'étude sa beauté et non son utilité, et, sur ce groupe, le professeur pourrait s'appuyer pour relever peu à peu le niveau de son enseignement et restituer à sa parole la noblesse, l'ampleur, la hauteur que les ambitions utilitaires des générations lui ont jusqu'ici dérobées. (*Applaudissements à l'extrême gauche.*)

M. Aynard. — Très bien! mais c'est de l'aristocratie?

L'ENSEIGNEMENT MODERNE CONTRE L'ENSEIGNEMENT CLASSIQUE

M. René Viviani. — Nous verrons. Je voudrais maintenant examiner la réforme que, d'accord avec le Gouvernement, la commission d'enquête nous apporte, borner mes explications à l'examen du plan d'études et, sans me révéler le censeur prématuré des discours que vous aurez à entendre, dire que je n'ai pas l'intention de fractionner jusqu'à l'infinie variété la discussion générale que vous avez ouverte. Je crois qu'il n'est pas dans notre rôle de doser, du haut de cette tribune, la quantité de latin, la quantité d'histoire, ou la quantité de chimie qui demain, par les mains de nos professeurs, seront versées dans les cerveaux des élèves; je crois que nous aurons rempli notre rôle tout entier en indiquant, à notre point de vue, les lignes directrices auxquelles, fidèles serviteurs de la volonté parlementaire, je l'espère du moins, les ministres de l'instruction publique pourront plus tard se rattacher. (*Très bien! Très bien!*)

On nous propose d'assouplir l'enseignement secondaire et de donner à l'enseignement moderne une supériorité éclatante sur l'enseignement classique.

Vous savez qu'en 1890, par les mains de l'honorable M. Bourgeois, l'enseignement moderne a été constitué et vous savez qu'à cette époque l'honorable

M. Bourgeois, trouvant en face de lui des difficultés, heurta son initiative à des résistances et que, pour calmer les colères classiques qui se manifestaient déjà dans l'Université, il dut employer les plus douces intonations de sa caressante parole. (*On rit.*) L'honorable M. Bourgeois, en effet, a volontairement négligé de donner à l'enseignement moderne les sanctions dont l'enseignement classique était pourvu, si bien que, tandis que par l'enseignement classique on pouvait frapper à toutes les portes, déboucher dans toutes les carrières, dans toutes les fonctions, par l'enseignement moderne on ne pouvait aller que dans certaines fonctions et dans certaines carrières.

Mais l'honorable M. Leygues est venu, héritier naturel de la pensée de son prédécesseur, sollicité comme lui d'ailleurs par les événements, parachever cette œuvre et doter l'enseignement moderne de la vertu pédagogique, de la valeur sociale qui, jusqu'ici, lui manquaient.

On vous demande aujourd'hui de décider que, par l'enseignement classique comme par l'enseignement moderne, les enfants pourront aboutir au baccalauréat unique, qui sera la clef de toutes les carrières et de toutes les fonctions. Messieurs, je crois qu'il ne faut ni se réjouir ni s'affliger d'une situation à laquelle depuis longtemps les événements nous ont préparés. Mais je voudrais cependant qu'en pareille matière la netteté du langage prévalût et qu'on voulût bien reconnaître sur les bancs du Gouvernement, comme sur les bancs de la commission, que quand on propose une pareille réforme, quand on demande que par l'enseignement moderne on aboutisse aux mêmes carrières et aux mêmes fonctions, on porte à l'enseignement classique un coup tellement redoutable qu'il est un coup mortel. (*Applaudissements sur divers bancs à gauche et à l'extrême gauche.*)

Je ne dis pas d'ailleurs que ce soit une faute. Je suis le premier à reconnaître que s'il fallait répartir les responsabilités historiques, si ces responsabilités étaient personnelles au lieu d'être supportées par les choses, elles ne feraient qu'effleurer l'honorable M. Leygues, car, qu'il me permette de le lui dire, le véritable meurtrier de l'enseignement classique est au banc de la gauche et nous apparaît sous les traits calmes et souriants de l'honorable M. Bourgeois.

Lorsqu'en 1890 notre éminent collègue a constitué l'enseignement moderne, comme toujours il savait bien ce qu'il faisait et, connaissant la valeur des mots dans ce pays, il s'empressait de donner au nouvel enseignement le nom de « moderne », l'opposant ainsi à l'enseignement classique, sachant qu'on ne serait pas longtemps dupe de cette opposition purement nominale et qu'on finirait par opposer quelque chose de vif, d'alerte, de nouveau, à cette matière classique trop communément jugée comme une matière morte, inerte et décomposée. Ni les familles, ni les élèves, ni les lycées, ni l'opinion publique ne se sont trompés. La désertion du grec et du latin a commencé. Aujourd'hui, l'honorable M. Leygues survient qui, d'un geste, achève ce mourant qui s'appelle l'enseignement classique.

M. Georges Leygues, ministre de l'instruction publique. — C'est une erreur complète. C'est la seule interruption que je me permettrai ; je vous répondrai.

M. René Viviani. — Vous pouvez vous en permettre d'autres. Permettez-moi de vous dire que dans la séance d'hier j'ai enregistré vos protestations comme je les enregistre dans celle d'aujourd'hui.

Je comprends très bien que le grand maître de l'Université ne puisse se laisser accuser d'un pareil forfait, car, porter la main sur l'enseignement classique, de sa part, équivaudrait à accomplir un acte parricide. J'ai lu la lettre que vous avez adressée à l'honorable M. Ribot, et dans laquelle vous plaidez la cause de l'enseignement classique avec une éloquence faite de gratitude et de souvenirs, avec une chaleur, une vigueur telles que, n'était la sincérité du morceau, on le prendrait pour une oraison funèbre. (*Applaudissements et rires.*)

Mais permettez-moi de vous dire qu'au-dessus des lettres il y a les faits. Vous avez constitué l'enseignement moderne ? Mais par qui sera-t-il suivi ? D'abord par tous ceux qui auraient pu suivre les études latines, mais qui, attirés par cette séduction que contient en elle toute nouveauté sociale, se précipiteront demain dans les rangs de l'enseignement moderne. Cet enseignement sera en outre suivi par tous ceux qui n'auraient pas pu suivre les études latines, qui, rebutés à mi-chemin, auraient trouvé en face d'eux trop de difficultés. En sorte qu'on peut dire que votre enseignement moderne sera simplement suivi par tous et que l'enseignement gréco-latin restera à la disposition de rares esprits cultivés ou de ceux qui dans l'avenir voudront embrasser le professorat des lettres.

M. Devèze — Très bien !

M. René Viviani. — J'entends bien que vous pourrez répondre que le but unique, c'est le baccalauréat. Vous voulez qu'on y atteigne par trois chemins différents : il y aura la route latine, la route gréco-latine, la route purement moderne. C'est vrai !

Mais permettez-moi, sans vouloir faire entrer dans ce débat des comparaisons grossières, de dire que dans les théâtres il y a quelquefois trois ou quatre sorties à la disposition des spectateurs. Ceux-ci ne sont pas obligés de les prendre toutes ; ils choisissent la sortie la plus vaste, la plus attrayante, la plus commode, la plus aisée. De même les jeunes générations qui viendront se jeter dans l'enseignement moderne, ne seront pas obligées de prendre votre route latine ou votre route gréco-latine ; elles prendront purement et simplement la route de l'enseignement moderne, parce qu'elle aboutit au baccalauréat, qui mène à toutes les carrières et à toutes les fonctions. J'ai le droit de dire que l'enseignement classique reçoit un coup mortel dans une pareille réforme. (*Applaudissements sur divers bancs à gauche et à l'extrême gauche.*)

AVANTAGES QU'ON EÛT DÛ TIRER DES ÉTUDES CLASSIQUES

Est-ce à dire qu'il faille considérer ce fait comme une faute et faut-il en faire supporter la responsabilité soit à M. Bourgeois, soit à M. Leygues, soit à M. Ribot ? Je ne voudrais pas diminuer l'importance politique ou personnelle de nos éminents collègues, mais ils me permettront bien de dire qu'en pareille matière ils n'ont qu'à enregistrer des faits et qu'à leur donner une sanction autre que des décrets, des ordonnances ou des paroles.

La vérité, c'est que si, théoriquement, on peut apporter des griefs contre l'enseignement classique, il s'agit de savoir s'ils sont justes ou fondés au point de vue pratique. Vous entendez bien que, même avec la complicité de votre bienveillance, je n'irai pas, faute de compétence particulière, prendre place dans cette antique querelle entre les anciens et les modernes ; ce serait excessif. Je vais simplement essayer de rechercher la cause pour laquelle l'enseignement classique, infidèle à sa mission, a trébuché, afin d'éviter que, à son tour, demain peut-être, l'enseignement moderne ne retrouve sur sa route les mêmes périls.

Je ne crois pas que la France sera décapitée parce que les études grecques et latines seront diminuées. (*Très bien ! très bien !*)

Je ne vais pas jusqu'à dire, comme l'a déclaré M. Jules Lemaître, avec une admirable ingratitude, que le latin abrutissait le cerveau (*On rit*) ; je ne vais pas jusqu'à dire, avec l'honorable M. Levraud, ou d'autres de nos collègues, qu'il faut savoir le latin pour plus correctement écrire le français ; je crois que quand on se rappelle La Rochefoucauld et La Bruyère, et à une époque plus récente, George Sand, Alexandre Dumas et Louis Veuillot, on peut être rassuré sur l'avenir et se dire que les enfants pourront chercher, jusque dans ses plus fugitives nuances, une langue faite de lumière et de clarté. (*Très bien ! très bien !*) J'ajoute que si les beautés antiques sont certainement impérissables, elles sont dispersées à l'infini dans les classiques français et qu'il suffit de se pencher sur ces classiques pour retrouver ces beautés lointaines éclairées de tous les rayons de la beauté moderne. (*Applaudissements.*)

Il s'agit seulement de savoir si les études classiques ne nous apportaient pas un profit que même l'excellence des études modernes ne nous donnera pas. A travers le grec et le latin, l'esprit découvrait dans son ampleur le mouvement de la pensée antique, et ayant vécu à ses côtés, revenait, imprégné de lumière, s'offrir plus noble au rayonnement de la beauté moderne. Et on a si bien senti que c'était là une perte, qu'on a essayé de la récupérer en disant dans les conclusions de la commission d'enquête qu'il faudra plus sérieusement distribuer l'enseignement des langues vivantes.

Qu'au point de vue industriel et commercial l'enseignement des langues vivantes soit nécessaire, personne n'y contredit.

Mais au point de vue social, littéraire et artistique, est-ce que l'étude des langues vivantes pourra nous apporter le profit que nous recevions de l'étude des classiques? (*Très bien! très bien.*) Par l'étude des langues vivantes, nous n'apercevons que le mouvement de la pensée contemporaine qui est la même dans tous les pays civilisés, tandis que, par l'étude de la beauté antique, nous apercevions ces beautés lointaines distantes de nous par les mœurs et les siècles.

LA MÉTHODE DE TRAVAIL IMPORTE PLUS QUE LA MATIÈRE D'ENSEIGNEMENT : FACULTÉ D'ASSIMILATION

Voilà ce que l'on peut dire pour les études classiques. Seulement, comme je l'indiquais, ces plaintes sont purement théoriques, car il y a longtemps, mon cher monsieur Levraud, qu'au point de vue pratique on ne cherchait plus à travers le grec et le latin le mouvement de la pensée antique. Jeter sur une feuille chargée de ratures de misérables vers latins, jeter sur le papier une misérable version grecque, faite la plupart du temps avec une traduction, ce n'était pas découvrir, ce n'était même pas chercher le mouvement de la pensée antique, c'était imposer à l'esprit une surcharge et une fatigue, qui allait jusqu'au dégoût. (*Très bien! très bien!*) L'école n'est pas une caserne; et s'il est loisible de donner à un soldat la consigne provisoire de garder un poste, il n'est pas possible de donner à une génération tout entière la consigne sociale de ressusciter ces langues qu'elle ne veut plus apprendre.

La vérité — je ne veux pas prononcer une parole trop légère — c'est qu'il importe peu qu'il y ait une culture classique ou une culture moderne; ce qui importe, c'est qu'il y ait une culture qui laisse dans le cerveau une empreinte; ce qui importe, c'est beaucoup moins la connaissance en elle-même que la méthode de travail avec laquelle on la saisit. (*Applaudissements.*) Ce qu'il faut, comme le demandait M. Fouillée, ce qu'il faut demander à nos maîtres, c'est de ne pas faire du cerveau de l'enfant une sorte de magasin où, comme des colis, les connaissances s'entassent pêle-mêle, mais un instrument qui fonctionne, qui s'améliore de jour en jour, et qui finisse par saisir cette qualité maîtresse de l'intelligence humaine, qui s'appelle la faculté d'assimilation. (*Nouveaux applaudissements.*)

L'ÉDUCATION SECONDAIRE NE DOIT PAS ÊTRE UNE ÉDUCATION UTILITAIRE

Puisqu'il en est ainsi, et puisque l'enseignement classique a trébuché parce que, infidèle à sa mission théorique, il a voulu devenir un enseignement utilitaire et qu'il était incapable de remplir cette seconde mission, examinons s'il doit en être ainsi de l'enseignement moderne.

Voilà bien des années que des publicistes qui, je le regrette, appartiennent pour beaucoup à l'Université, des hommes d'affaires, des hommes publics, disent que l'activité commerciale et industrielle dévore le monde, que la France ne doit pas rester en arrière, qu'elle doit faire face à des destinées nouvelles et que pour cela, dès le jeune âge, dès le lycée, il faut adapter l'enfant à une vie économique et professionnelle.

Si l'on veut dire par là qu'on doit multiplier les écoles professionnelles, qu'il faut richement les doter, nous accédons tous à ce désir, car jamais on ne pourra trop renseigner un ouvrier ou un artisan sur son art. Mais si l'on veut dire que le lycée doit devenir une école pratique et que, déchue de son rôle, l'éducation secondaire doit tomber au rang d'éducation utilitaire, je dis que par là on aura perverti en France l'instruction publique. (*Applaudissements.*)

Sur quelles données d'ailleurs cette instruction pratique pourrait-elle s'asseoir ? Est-ce qu'il faut prendre pour des vérités les ambitions respectables de la mère de famille qui, dans l'enfant qui veut être officier, aperçoit un futur général, ou dans l'enfant qui veut être avocat aperçoit un futur Cicéron. Est-ce qu'on va prendre pour vérité les prétentions puériles du collège qui s'affirment dans les gestes et dans les attitudes. Je rappelle que les Anglais, qui n'ont pas la réputationde n'être pas un peuple utilitaire, ont organisé le « Civil Service », cette pépinière où ils vont recruter les futurs administrateurs de leurs colonies. Quelles connaissances demande-t-on à ces futurs administrateurs ? On leur demande de répondre au concours sur sept matières parmi lesquelles le grec, le latin, l'hébreu, le sanscrit. En quoi des connaissances aussi vagues peuvent-elles aider dans la préparation de leurs fonctions utilitaires ces futurs administrateurs de leurs colonies ? Les Anglais répondent que quand un homme a obtenu une note élevée sur le sanscrit ou sur l'hébreu, il a fait preuve de faculté d'assimilation et qu'on peut lui déléguer en toute confiance les fonctions les plus pratiques. (*Applaudissements.*)

L'ENSEIGNEMENT SECONDAIRE RÉVÉLATION DE LA BEAUTÉ

Messieurs, nous ne voudrions certes pas qu'au point de vue utilitaire, notre pays tombât au-dessous même du peuple anglais, et il me sera bien permis, avec un éminent universitaire, M. Fouillée, de rappeler telle qu'elle m'apparaît la place que doit avoir dans notre pays l'enseignement secondaire.

Nous avons à la base l'enseignement primaire dans lequel on distribue aux enfants les connaissances indispensables à tout homme pour se comporter dans une démocratie, si bien que l'enseignement primaire peut apparaître comme la révélation de l'utilité. Nous avons au sommet l'enseignement supérieur auquel accèdent, après de longues recherches, les jeunes hommes qui, là, s'emparent d'une parcelle de vérité, qui la gardent jalousement pour eux-mêmes ou la distribuent au-dessous d'eux en vulgarisations étincelantes, si bien que l'enseignement supérieur est la révélation de la vérité. Entre les deux, il y a l'enseignement secondaire qui a une place et un rôle : il est la révélation de la beauté.

Je dis que cet enseignement qui est la révélation de la beauté ne peut pas tomber au rang d'un enseignement pratique ; je dis que nos professeurs ne peuvent pas être condamnés à être des physionomistes et à discerner du haut de la chaire, parmi leur jeune auditoire, le futur officier du futur avocat, le futur avocat du futur médecin. C'est précisément parce que ces enfants seront demain des hommes, parce qu'ils seront ravis par bien des fonctions contradictoires, qu'ils se disperseront par les chemins de l'existence, que par leur conscience, leur atavisme, ils iront dans des camps opposés, sur le champ de bataille social, qu'il faut profiter de leur adolescence, de leur jeunesse, pour leur faire connaître des beautés qu'ils ne reverront plus. (*Applaudissements.*)

L'ÉDUCATION CIVIQUE ET LA NEUTRALITÉ DE L'ÉCOLE ET DE L'ÉTAT

Alors je n'ai plus qu'à appeler l'attention de M. le ministre de l'instruction publique sur trois questions sur lesquelles j'espère que sa vigilante attention se portera.

J'ai vu avec joie la place, que, au moins sur le papier, tenait ce qu'on appelle l'éducation civique. Il est bien entendu, n'est-ce pas, que cette éducation civique sera une éducation républicaine et qu'elle aura pour base la Déclaration des droits de l'homme. Et si ma constatation n'est pas fausse, je vais pouvoir en faire sortir deux conclusions dont je m'armerai dans un débat futur si je puis y apparaître.

Si vous dites que l'éducation civique doit être distribuée aux enfants, c'est donc que nous en avons fini, dans la mesure où il fallait en finir, avec cette doctrine rapetissée, rétrécie, de la neutralité scolaire (*Applaudissements à l'extrême gauche et à gauche*) qui était devenue rigide, inanimée, au nom de laquelle on imposait au professeur le silence sur tous les problèmes, sur toutes les questions, alors que nous voudrions, nous, en faire une haute impartialité doctrinale obligeant le professeur, certes, à garder pour lui, devant les élèves, son sentiment particulier, mais à apporter cependant la lumière et sur tous les problèmes et sur toutes les questions. (*Nouveaux applaudissements sur les mêmes bancs.*)

Et j'ajoute la seconde conclusion qui m'apparaît. C'est que, du moment que l'État distribue l'éducation civique, l'État a une opinion politique ; il la double de ses pensées et de ses doctrines philosophiques, et lorsque dans des débats futurs quelques-uns de nos honorables collègues, au moment où l'on discutera l'abrogation de la loi Falloux, invoqueront la morale religieuse et demanderont la parole, je m'en rapporterai aux conclusions de la commission d'enquête, et si par hasard je suis inscrit, avec plaisir je céderai mon tour à M. Leygues ou à M. Ribot. (*Très bien ! très bien ! à gauche et à l'extrême gauche.*)

M. le président de la commission. — Je vous remercie.

ENSEIGNEMENT HISTORIQUE ET PHILOSOPHIQUE

M. René Viviani. — Je voudrais appeler maintenant l'attention de M. le ministre sur l'enseignement historique.

Nous voudrions que tous les professeurs puissent dire à leurs élèves qu'il n'y a pas seulement dans l'humanité des armées en marche, mais surtout des peuples en ascension (*Applaudissements à l'extrême gauche et à gauche*) ; que la victoire la plus éclatante des armes contient toujours en elle-même pour l'avenir des revers, et qu'il n'y a qu'une victoire éclatante et bienfaisante : c'est la victoire du droit, la victoire de la science, la victoire de la pensée. (*Applaudissements à gauche, à l'extrême gauche et sur les divers bancs du centre.*)

Nous voudrions aussi qu'au point de vue philosophique, au moins pour les cours scientifiques, on distribuât aux enfants l'enseignement de la philosophie avec moins de parcimonie. On a l'habitude de considérer la philosophie comme un couronnement parasite des études littéraires et scientifiques. Mais, messieurs, la philosophie en est le supplément inévitable ! C'est par la philosophie qu'après avoir fait le tour de toutes les connaissances humaines, les enfants prennent le sentiment de l'insaisissable et qu'ils sont par là amenés à faire sur l'inconnu des conquêtes quotidiennes. C'est par la philosophie qu'ils apprennent à respecter dans tous les problèmes le reflet de la pensée et à dire qu'il n'y a pas une affirmation humaine, si folle qu'elle paraisse, qui ne contienne une parcelle de vérité. (*Applaudissements à gauche.*)

CONSÉQUENCES SOCIALES ET POLITIQUES DE LA SUBSTITUTION DE L'ENSEIGNEMENT MODERNE A L'ENSEIGNEMENT CLASSIQUE : PROLÉTARIAT INTELLECTUEL; CONCURRENCE CONGRÉGANISTE.

Je voudrais maintenant tirer de la situation les conséquences sociales et politiques qu'elle comporte.

Je parle d'abord de la conséquence sociale. Il est bien entendu, messieurs, que par de pareilles propositions, si l'on n'a pas diminué le nombre des futurs fonctionnaires, on l'a singulièrement accru. Qu'on ne l'ait pas diminué, cela se voit; qu'on l'ait accru, cela se démontre et fort aisément. Je disais tout à l'heure que l'enseignement moderne allait recruter ceux qui le suivront parmi ceux qui, naturellement, pourraient aller vers lui et parmi ceux qui seraient rejetés hors de l'étude du latin et du grec par les difficultés. Cela veut dire que, plus pressant, plus pressé, plus tumultueux, plus violent, le flot des futurs fonctionnaires ira demain, si je puis ainsi parler, battre les portes de la société. Ayant en mains leur diplôme, ils vous demanderont des fonctions. Oh! je sais ce que vous leur répondrez; vous leur répondrez que c'est la liberté qui est maîtresse du monde, que la lutte pour la vie reconnaît toujours les siens, et qu'un diplôme universitaire contient toujours une certitude, la certitude de gagner sa vie, à moins que ce ne soit la certitude de mourir de faim. (*Très bien! très bien! à l'extrême gauche.*) Et vous aurez par là même accru, plus violent et plus aigri qu'hier, le prolétariat intellectuel; et j'espère qu'abandonnant la haine stérile contre les hommes irresponsables, ne gardant la haine que contre les choses mauvaises (*Applaudissements à l'extrême gauche et à gauche*), substituant à ses griefs particuliers une accusation sociale, il pourra aller demain rejoindre ce prolétariat manuel et, en échange du courage et de la patience, lui apporter la pensée et la vérité. (*Nouveaux applaudissements sur les mêmes bancs.*)

Vous avez déchaîné — c'est à la conséquence politique que j'arrive maintenant — vous avez déchaîné sur l'Université la concurrence congréganiste. Pourquoi donc l'Université s'est-elle, jusqu'ici, sinon victorieusement, du moins honorablement défendue? Elle devait sa situation à l'enseignement classique, à la hauteur d'esprit de ses maîtres, à l'éclat de leur parole, mais vous savez bien que sur le terrain de l'enseignement moderne, votre professeur le plus titré va se heurter au dernier frère des écoles chrétiennes qui, pourvu qu'il soit en possession de son diplôme de bachelier, aura toute aptitude pour conduire une maison d'enseignement secondaire.

Je ne veux pas faire gronder autour de cette tribune les passions qui, d'ailleurs, ne sont pas étrangères au débat et que je me réserve à déchaîner lorsque viendra la discussion des ordres du jour (*Mouvements divers*), mais il me sera permis de rappeler ce que peut avoir de néfaste cette loi Falloux que l'honorable M. Aynard a défendue dans un rapport très brillant, et pour laquelle, si je ne craignais de vieillir notre collègue, je dirais qu'il a une paternelle tendresse. (*Applaudissements et rires à l'extrême gauche et à gauche.*)

M. Aynard. — Je n'ai pas défendu la loi Falloux! J'ai défendu la liberté. (*Très bien ! très bien ! au centre et sur divers bancs.*)

M. René Viviani. — En 1886, vous vous le rappelez, on a corrigé la loi Falloux en disant qu'au point de vue de l'enseignement primaire on ne pourrait conduire une maison d'enseignement primaire qu'en ayant un diplôme.

Immédiatement, par un artifice singulier que l'honorable M. Ribot a noté dans son rapport, des frères des écoles chrétiennes, pour ne citer qu'eux, ont transformé leurs maisons d'enseignement primaire en maisons d'enseignement secondaire. Ainsi, alors que M. le ministre de l'Instruction publique ne pourrait pas, malgré sa volonté, asseoir dans une chaire de lycée un homme qui n'aurait pas tous les diplômes, avec un simple diplôme de bachelier, un frère des écoles chrétiennes, ayant sous ses ordres quelques personnes sans diplôme, peut conduire une maison d'enseignement secondaire. (*C'est cela ! Très bien ! à gauche.*)

Le recteur de l'Académie de Toulouse, déposant devant la Commission d'enquête sur l'enseignement, a déclaré qu'il y avait là-bas une maison congréganiste où, sur 37 professeurs, il y avait 7 bacheliers et 30 professeurs qui n'avaient pas de diplômes et qui font aux lycées la concurrence que vous savez. (*Applaudissements à gauche et à l'extrême gauche.*)

Messieurs, à considérer qu'il puisse y avoir concurrence en pareille matière, à considérer que ce qu'il y a de plus haut, de plus sacré, la préparation des générations futures, la formation de l'éducation nationale, la formation de la conscience humaine, puisse tomber au rang d'un commerce et d'une industrie, nous voudrions au moins qu'avec la concurrence il y ait égalité ; or, il n'y a pas égalité ! Ce n'est pas là de la concurrence, monsieur Aynard, on l'a dit déjà, c'est de la contrefaçon. (*Vifs applaudissements à gauche et à l'extrême gauche.*)

MONOPOLE INÉVITABLE

Eh bien ! par vos propositions vous allez doubler, déchaîner la concurrence des écoles congréganistes contre l'Université ; et je le dis, dussé-je être accusé par mes amis d'apporter à cette tribune un blasphème, je me réjouis de cette situation.

Oui ! puisque nous vivons dans un temps où le bien, paraît-il, ne peut sortir que de l'épuisement du mal, puisqu'il y a ici des républicains qui, avant d'apercevoir le péril, veulent par lui être frappés et blessés au visage... (*Applaudissements à gauche et à l'extrême gauche*), donnons rendez-vous à ces républicains dans de prochains combats. (*Nouveaux applaudissements sur les mêmes bancs.*) L'heure sera passée des expédients fragiles et des barrières illusoires ! On ne parlera plus de ce fameux projet de loi allant emprunter au dogme chrétien la théorie du péché originel (*Sourires*), par lequel on veut proscrire des fonctions publiques les enfants qui n'auront pas passé par les établissements de l'État. (*Applaudissements à gauche.*)

Car alors, pour les plus timides et les plus timorés d'entre vous, l'heure du monopole universitaire aura sonné. Le germe en est déposé indirectement dans les conclusions de la commission d'enquête, et je salue dans l'honorable M. Ribot, le grand libéral, tendrement penché sur cette bouture révolutionnaire que demain le souffle ardent du peuple pourra faire reprendre. (*Applaudissements à l'extrême gauche et à gauche.*)

L'UNIVERSITÉ ET LA SOCIÉTÉ

Je ne voudrais pas prolonger cette discussion et, m'étant expliqué suffisamment à mon sens sur le programme des études, je ne veux pas oublier que le budget attend, que d'autres de nos collègues veulent apporter à ce débat leur contribution personnelle, et je laisse de côté d'autres questions, notamment la question si importante des maîtres répétiteurs sur laquelle, avec son éloquence habituelle, mon honorable ami, M. Carnaud, viendra une fois de plus parler.

Je voudrais cependant, d'une parole très brève, donner à ce débat, telle qu'elle m'apparaît, la conclusion nécessaire. Je crois que nous sommes tous d'accord pour donner à l'enseignement dans notre pays le plus grand essor, pour vouloir élargir la place de l'Université ; mais je crois que nous nous préparons des mécomptes cruels si nous attendons tout de l'Université, de l'instruction, et si nous nous imaginons que toujours l'élévation intellectuelle correspond à l'élévation morale. (*Très bien ! très bien !*)

M. Aynard. — C'est vrai !

M. René Viviani. — Je ne veux pas dire par là qu'il faut rétrécir le rôle social ou mesurer la place de l'Université. Ce n'est pas moi, contre elle, qui prendrai à ma charge la lourde parole que, malgré la suprême finesse de son esprit, M. Thiers laissait tomber dans la commission parlementaire de 1850. Comme Victor Cousin, aiguillonné par le remords à la pensée qu'il livrait peu à peu à l'Église l'Université dont il était l'orgueil, comme Victor Cousin, sous l'action de ces sentiments, s'emportait un jour contre l'évêque Dupanloup, M. Thiers l'arrêta et lui dit : « Monsieur, la société passe avant l'Université. »

Il n'est pas exact que la société passe avant l'instruction, pas plus qu'elle ne passe avant la justice. Une société ne passe pas avant les principes essentiels qui la constituent, et pour un être moral comme pour un être physique, il vaudrait mieux ne pas vivre que de corrompre par avance les sources de la vie. (*Applaudissements.*)

Mais il est exact que dans la société, si large que soit sa place, l'Université n'est pas un corps artificiel, vivant de sa seule chaleur, de sa seule lumière, un corps supérieur au milieu, aux hommes, au temps, et si elle a une maîtrise intellectuelle, c'est d'en bas, c'est de la nation qu'elle doit recevoir la direction morale.

C'est donc que l'éducation ne peut être parfaite que par l'entente de l'Université et de la société. L'Université donne les leçons intellectuelles, la société donne l'exemple ; et quand entre l'exemple et la leçon il y a accord parfait, alors l'éducation nationale monte au plus haut degré, mais elle s'incline, elle penche, elle s'abaisse lorsque, comme dans nos tristes temps, il y a entre l'exemple et la leçon divorce violent et discordance éclatante. Ah! dans ces maisons fermées, dans ces lycées où nous nous flattons que les passions qui nous déchirent ne pénètrent pas, on montre aux regards émerveillés des élèves toutes les beautés antiques ; on leur cite les noms des hommes qui sont morts pour leurs idées, de ceux qui leur ont voué leur vie. On leur dit que le désintéressement est supérieur aux calculs, que jamais, jamais la justice ne doit être immolée à l'intérêt. Et lorsque, le regard chargé d'observation précoce, ils viennent considérer la société, ils voient peu à peu, sous la force des exemples négatifs, la débâcle des leçons, le triomphe de l'intrigue, l'affaissement de l'idéal de la justice meurtrie de tant de coups qu'à certaines heures, pour ne pas mourir, elle a été obligée de se replier sur elle-même. (*Vifs applaudissements à l'extrême gauche et à gauche.*)

C'est donc à nous qu'il appartient d'unir la société et l'Université, et puisque ainsi notre tâche est définie, que notre responsabilité est si haute, puisque chaque génération qui s'éteint est remplacée par la génération qu'elle mérite, faisons une société meilleure ; nous aurons ainsi une Université plus haute et pour veiller sur notre patrimoine enrichi, une plus noble jeunesse. (*Vifs applaudissements à l'extrême gauche, à gauche et sur plusieurs bancs au centre. — L'orateur, de retour à son banc, reçoit les félicitations d'un grand nombre de ses collègues.*)

III

LE MINISTÈRE DU TRAVAIL

La République et les Travailleurs

DISCOURS PRONONCÉ A LA CHAMBRE DES DÉPUTÉS

(*Séance du Jeudi* 9 *Novembre* 1906)

> Qu'est-ce que vous voulez répondre à un homme qui n'est plus un enfant, grâce à nous, que nous avons arraché à la foi, à qui nous avons dit que le ciel était vide de justice, quand il cherche la justice ici-bas ?

MESSIEURS,

L'honorable M. Charles Benoist, tout en réservant l'avenir par le dépôt d'une proposition de loi, tout en faisant allusion à une question constitutionnelle, qu'il n'a d'ailleurs pas posée, a rappelé qu'il était un ferme et ancien partisan du ministère du travail et, à ce titre, il a souhaité la bienvenue au ministère nouveau et à son premier titulaire.

Je remercie notre honorable collègue de ses aimables paroles et je le remercie surtout de m'avoir fourni, par sa décisive et courtoise intervention, l'occasion d'apporter devant le Parlement les explications qu'à un triple point de vue je juge nécessaires.

POURQUOI UN MINISTÈRE DU TRAVAIL?

Ces explications sont nécessaires, d'abord parce que, ministre nouveau, j'appartiens à un cabinet qui, pour la première fois, prend contact avec le Parlement. Ensuite parce qu'il faut écarter toute ambiguïté et toute équivoque du développement de cette politique sociale dont il me semble que par essence et par vocation, au sein du cabinet, le ministre du travail est le premier représentant. Ces explications sont enfin nécessaires parce qu'il faut que vous puissiez pleinement exercer votre souveraineté, au moment où l'on sollicite des crédits, savoir où ils vont, et quelle est la tâche extraparlementaire et parlementaire à laquelle il semble que le ministère du travail doive attacher son activité.

L'honorable M. Charles Benoist a esquissé à grands traits la conception qu'il s'était formée du ministère du travail et, bien loin de critiquer l'indiscrétion légitime de ses paroles, je constaterai plutôt leur réserve. Voilà pourquoi tout à l'heure, pour la clarté et pour l'ampleur du débat, à la question qui a été posée, je joindrai toutes celles qui me paraissent surgir de la situation. Mais pour le moment je vous demande la permission d'appeler rapidement votre attention sur les conditions dans lesquelles le ministère a été formé et sur l'idée directrice qui en a imposé la constitution au Gouvernement.

Vous savez, messieurs, que le Gouvernement, en

constituant le ministère du travail, a choisi en exemple deux pays étrangers, mais, je le dis tout de suite à l'honneur de notre démocratie, a couronné pratiquement l'initiative théorique ébauchée en 1848 par Louis Blanc.

Le Gouvernement a aussi donné une suite à des projets de loi successivement déposés sur votre bureau en 1886 par M. Camille Raspail, en 1899 par l'honorable abbé Lemire et à trois reprises par l'honorable M. Vaillant qui, avec quelques-uns de ses collègues au nombre desquels, par deux fois, j'avais l'honneur de me trouver, a, dans des termes différents, il est vrai, demandé l'application du principe qui est aujourd'hui réalisé.

PLUS D'UNITÉ DANS LA GESTION DES INTÉRÊTS ET DES DROITS DES TRAVAILLEURS

Messieurs, ni ces antécédents historiques, ni ces précédents parlementaires ne pouvaient suffire à justifier l'initiative qui a été prise et qui d'ailleurs se recommande à votre esprit par d'autres considérations. Si le Gouvernement a constitué le ministère du travail, s'il a substitué à une dispersion regrettable de services une concentration nécessaire, c'est qu'il a voulu assurer une unité de gestion et de direction aux intérêts et aux droits des travailleurs. Il a pensé que ces intérêts et ces droits formaient un tout spécial, un ensemble complet qui au même titre que les autres intérêts généraux, tout en restant rattachés au large courant de l'activité nationale, appelaient depuis longtemps une gestion particulière. (*Très bien! très bien! à l'extrême gauche et à gauche.*)

Et quand même nous n'aurions atteint que ce résultat de rendre plus cohérente la législation ouvrière et celle-ci plus adéquate à la législation générale, quand même nous n'aurions atteint que ce résultat de rendre plus souple et plus maniable l'instrument des réformes, j'imagine que du premier effort nous aurions touché à un but qui certes est loin d'être négligeable. (*Applaudissements à l'extrême-gauche et à gauche.*)

De cette conception que je définis, quelle application pratique a faite le Gouvernement ? En d'autres termes, par quel partage d'attributions le ministère du travail a-t-il été constitué ? Puisque aucune contradiction sérieuse ne me paraît s'être révélée sur ce point, je glisserai rapidement sur le fonctionnement technique du ministère du travail et je ne décrirai pas les dessaisissements successifs opérés sur différents ministères et par lesquels le ministère du travail a été enrichi. Je préfère arriver tout de suite à ce qui me paraît être la question capitale du débat.

UN ACTE SOCIAL

Si le Gouvernement a institué le ministère du travail, ce n'est pas seulement pour accomplir dans l'ordre administratif un acte important ; c'est pour accomplir surtout dans l'ordre social un acte dont il a senti la gravité et au sujet duquel il doit produire ici la manifestation totale de sa pensée. Quelle est donc la valeur et la portée de cet acte social ? S'il est vrai, comme on l'a dit, que la constitution du ministère du travail, comme un symbole éclatant, marque l'orientation nouvelle d'une politique sociale, quelle est cette politique ? Et comme, à mon sens, il n'y a pas de politique à moins qu'elle ne se rattache à une idée directrice et à un principe supérieur, quelle est cette idée, quel est ce principe?

Voilà les questions dont je disais tout à l'heure qu'elles se joindraient naturellement à celles qu'avait posées l'honorable M. Charles Benoist. Voilà les questions auxquelles j'ai maintenant la ferme résolution de répondre, bien certain en tout cas, quoi qu'il arrive, que j'aurai devant vous gagné la cause de ma bonne foi en posant moi-même ces problèmes dans toute leur acuité et dans toute leur étendue. (*Applaudissements à l'extrême-gauche et à gauche.*)

Lorsque M. le Président du conseil m'a choisi parmi ses collaborateurs, s'adressant à moi, il a prononcé une phrase que j'aurais sollicitée s'il n'en avait pas pris l'initiative. Il m'a dit qu'à mon entrée au Gouvernement aucune condition d'aucune sorte n'était et ne serait attachée. Entre lui et moi n'a pas été abordée une de ces discussions délicates et quelquefois affligeantes où l'autonomie, l'indépendance, la fierté de la pensée individuelle ont à subir quelque dommage. (*Applaudissements.*) Par conséquent, comme ceux de mes amis qui, dans des conditions différentes et dans des ministères différents, ont accédé au pouvoir, je pénètre au pouvoir nouveau tel que j'étais et tel que je suis, la tête haute et tout entier, en socialiste qui entend ne répudier aucune des doctrines que depuis seize années, à la mesure de ses forces, il a essayé de défendre devant le Parlement et devant le pays. (*Applaudissements à l'extrême gauche et à gauche.*)

Mais comme, surtout quand il est modeste, un passé, par son évocation, ne peut suffire à circonscrire une tâche, c'est à d'autres considérations que je vais avoir recours pour préciser l'action à laquelle il me semble que le ministère du travail doit être attaché.

Messieurs, il y a quelques jours que je suis installé, si je puis ainsi parler (*Sourires*), au ministère du travail. Il y a quelques jours, au nom de l'État et sous votre contrôle, j'ai pris en mains les différents services afférents à ce ministère nouveau; et je le dis tout de suite et je le dis très haut, quelles que soient les collaborations éminentes dont je sois entouré, si distingués que soient les auxiliaires dont le décret d'investiture m'a doté, encore, et j'en ai fait la récente expérience, que je puisse compter à tous les degrés sur le zèle et sur le dévouement, il est un collaborateur nécessaire, sans lequel le ministère du travail serait défiguré et comme découronné de son prestige; et ce collaborateur nécessaire, c'est la confiance des travailleurs (*Applaudissements à l'extrême gauche et à gauche*); si bien que si demain, par l'effet de quelque disgrâce qui en tout cas n'entamerait pas mon espérance, je devais, moi aussi, connaître la meurtrissure secrète des défiances imméritées, je ne perdrais pas mon courage (*Nouveaux applaudissements*), sachant que la confiance ouvrière a été autrefois leurrée par la lenteur et par la vanité des réformes, qu'elle a le droit d'attendre et d'observer, et préférant au surplus pour moi-même, si elle se refusait, la conquérir patiemment et par des actes, plutôt que de l'obtenir pour un jour et par surprise. (*Applaudissements.*)

Cette confiance, que j'attends, que j'appelle, qui, j'en ai l'assurance, ne me fera pas défaut, cette confiance qui circulera demain comme une chaude atmosphère autour de cette maison nouvelle que le Gouvernement républicain a fondée, cette confiance, de quelle tâche sera-t-elle la collaboratrice et de quel labeur profond et pénétrant deviendra-t-elle demain l'auxiliaire ?

C'est ici pour moi, messieurs, l'occasion de décrire l'action extérieure au Parlement à laquelle je crois le ministère du travail destiné. Ce sera aussi pour moi l'occasion de répondre et à ceux à qui la constitution de ce ministère semble avoir communiqué une illusion trop haute, et à ceux à qui cette constitution n'a donné vraiment qu'une trop médiocre confiance.

MINISTÈRE D'ENQUÊTE ET D'ÉTUDE

Le ministère du travail n'est pas fondé pour absorber à son profit toutes les charges de l'État, il n'est pas fondé pour retenir dans ses mains toutes les fonctions et toutes les compétences ministérielles; il n'est pas fondé, comme le demandait Louis Blanc, pour préparer la révolution sociale; il n'est même pas fondé pour résoudre la question sociale; il est, comme le disait excellemment M. Charles Benoist, tout d'abord un ministère d'enquête et d'étude; il est aussi le préparateur des réformes sociales, non pas seulement parce que le ministre doit prendre la plume pour jeter sur le papier ses désirs ou ses volontés, mais parce que perpétuellement penché sur les travailleurs, discernant leurs besoins, donnant à leurs réclamations légitimes, sous la forme de projets de loi précis, toutes les satisfactions, il doit recueillir les revendications ouvrières, et, sans en diminuer l'éclat, les apporter ici, à la tribune du Parlement. (*Vifs applaudissements à l'extrême gauche et à gauche.*)

Ai-je besoin d'ajouter, pour défendre cette institution nouvelle contre ceux qui la pourraient considérer comme nuisible aux travailleurs, quelques paroles de plus? Ai-je besoin de dire que je n'ai jamais eu l'intention qu'on m'a prêtée, parce que je ne suis pas encore frappé d'aliénation mentale (*On rit*), de rattacher au ministère du travail, par des liens que d'ailleurs je n'aperçois pas, comme s'ils étaient des milliers et des milliers de fonctionnaires, ces milliers et ces milliers de travailleurs libres? (*Applaudissements.*)

LIBERTÉ POLITIQUE ET LIBERTÉ SYNDICALE

Ai-je besoin de dire que, sur la voie douloureuse où, tour à tour résignés et tumultueux, les travailleurs s'avancent vers la justice, mon devoir est, non pas de comprimer, mais de discipliner leur effort, non pas d'arrêter, mais d'organiser leur marche? Deux affirmations bien nettes rendront ma pensée plus précise. Il est deux libertés dont l'emploi me paraît suffisant à la propagande et au triomphe des idées les plus hautes : c'est d'abord la liberté politique des travailleurs sur laquelle je n'ai, moi, qu'une influence indirecte, mais pour laquelle je demanderai à M. le ministre de l'intérieur de hâter l'éclosion des lois qui protègent, avec la dignité du citoyen, l'indépendance de l'électeur. (*Vifs applaudissements à gauche et à l'extrême gauche.*)

C'est aussi cette liberté syndicale, que nous ne voulons ni mutiler par la violence, ni tourner par la ruse (*Nouveaux applaudissements sur les mêmes bancs*), mais que nous voulons fixer d'après la loi de 1884, que nous voulons respecter au profit de ces syndicats, qui sont le centre nerveux de l'organisme ouvrier, au profit de ces syndicats dans lesquels les travailleurs viennent discuter de leurs intérêts professionnels et aussi de leur avenir et, entre la tâche matérielle qui les sollicite et le grand rêve qui les illumine et les réconforte, prendre, pour le meilleur bien de leur maturité et de leur sagesse, le souci quotidien des responsabilités humaines et le contact des réalités. (*Applaudissements à gauche.*)

Bien loin de diminuer cette liberté syndicale, nous allons l'étendre en étendant la capacité syndicale et en faisant disparaître du code pénal ces deux dispositions exorbitantes du droit commun, par lesquelles étaient prévues et frappées les atteintes à la liberté du travail, dispositions qui disparaîtront demain, longtemps après, je le regrette, la disparition de cet article 416 du code pénal, qui a été abrogé par l'un de nos adversaires politiques dont l'esprit de justice m'oblige ici à mentionner le nom, je veux dire l'honorable M. Ribot. (*Applaudissements.*)

PAS DE DÉCLAMATION, PARODIE DE L'ACTION; PAS DE VIOLENCE, CARICATURE DE LA FORCE

Et, alors, en échange de la bonne foi que j'apporte, de ce parti pris de bienveillance que je n'ai pas ici à cacher, de cette cordialité qui est en moi, me sera-t-il permis de prononcer ici quelques paroles ? J'atteste adversaires et amis que ce ne sont point des paroles nouvelles qui me seraient dictées par le souci récent d'une responsabilité prochaine ; ces paroles, je veux les prononcer non pas en faisant appel à l'autorité passagère que me confère une fonction occasionnelle, mais en faisant appel à l'autorité à laquelle je tiens le plus, à celle que j'ai conquise jour par jour et patiemment dans quinze années d'une inlassable propagande socialiste. Je veux les prononcer non pas pour révéler, non pas pour apprendre quoi que ce soit de nouveau aux travailleurs, mais pour leur rappeler des vérités nécessaires; il faut qu'ils se rappellent que s'ils ont des droits éclatants, ils ont aussi des devoirs sévères, que la libération économique comme la libération intellectuelle ne peut pas venir d'une catastrophe, mais viendra seulement de la volonté des hommes et de l'action des choses (*Vifs applaudissements sur un grand nombre de bancs*); que les travailleurs n'ont pas déraciné en eux la croyance au surnaturel économique (*Nouveaux applaudissements*), qu'ils doivent haïr, haïr parce qu'elles sont nuisibles à leurs destinées, et la déclamation qui est la parodie de l'action, et la violence qui est la caricature de la force (*Applaudissements prolongés sur un grand nombre de bancs*); que leurs souffrances certes sont émouvantes, mais qu'à ces heures troublées où se succèdent dans leurs âmes l'exaltation et la défaillance, même quand ils sont tombés au dernier niveau de la défaite, ils ne doivent pas désespérer, parce que rien n'est jamais perdu sur la terre, et que de même que, grâce aux efforts paternels, ils n'ont pas connu toutes les angoisses du passé, c'est par leurs efforts, par leurs sacrifices, par leur héroïsme et jusque par leurs larmes qu'ils libèrent par avance leurs enfants de toutes les douleurs dont ils ont eux-mêmes été torturés. (*Vifs applaudissements à gauche, à l'extrême gauche et sur plusieurs bancs au centre.*)

LOI DES RETRAITES OUVRIÈRES

Messieurs, en ce qui concerne ma tâche parlementaire, je n'ai que quelques mots à dire et à emprunter à la déclaration ministérielle. C'est mon souci quotidien, ce sera demain mon principal effort que d'aller devant le Sénat faire aboutir promptement la loi des retraites, que d'aller soutenir la réforme avec les principes sur lesquels elle s'appuie, surtout avec ce principe sans lequel il n'y a pas de retraites et qui est le principe de l'obligation. (*Applaudissements à gauche et à l'extrême gauche.*)

J'irai devant la haute Assemblée avec la déférence qu'un homme de mon âge, qui a grandi aisément dans la République heureuse et incontestée, doit manifester vis-à-vis de ces vieux républicains qui, dans leur jeunesse et dans leur maturité, ont créé et consolidé la République. (*Applaudissements à gauche et au centre.*) Je leur demanderai avec une fermeté respectueuse si, lorsqu'ils ont créé la République, ils ont voulu seulement qu'elle fût l'expression politique du régime démocratique, si elle ne doit pas en être aussi l'expression sociale, et si l'ouvrier, le paysan ne doivent pas trouver en elle leurs satisfactions morales et leurs satisfactions matérielles. (*Très bien ! très bien ! à gauche et à l'extrême gauche.*)

JOURNÉE DE 10 HEURES. — CONTRAT COLLECTIF DU TRAVAIL

Ensuite, et par un effort concomitant, d'accord avec mon honorable ami M. Millerand, qui préside avec tant d'autorité la commission du travail, j'aborderai la loi sur la journée de dix heures. Nous viendrons après au projet de loi sur le contrat collectif, ayant en nous l'humiliation de penser que, cent deux ans après la promulgation de ce code civil qui contient 2.281 articles, jusqu'à 1890 il n'y avait pas un article qui visât, je ne dis pas le contrat collectif, qui est une nouveauté, mais le contrat individuel du travail, et qui vînt fixer les garanties et les droits des travailleurs et des employés. (*Applaudissements.*)

Et ensuite j'aborderai ces réformes dont je ne veux pas faire ici l'énumération et la nomenclature. Ce qui importe en effet, ce n'est pas de savoir quelles réformes le Gouvernement doit viser, c'est de savoir l'état de cœur et d'esprit avec lequel il les envisage.

QU'EST-CE QU'UNE RÉFORME ?

Et d'abord, qu'est-ce qu'une réforme? Pour les uns, la réforme est un tout complet, elle est à elle-même son commencement et sa fin, et quand elle est consommée, tout est fini. Pour d'autres, et je suis de ceux-là, la réforme est à la fois la continuation d'une œuvre et le commencement d'une autre œuvre. (*Très bien! très bien!*) Elle vaut non seulement par sa vertu propre mais par le lien qui la rattache à un ordre général, elle vaut parce qu'elle est partie intégrante d'un ordre universel ; et alors la question se pose de savoir ce que le ministre du travail doit penser et ce que le Gouvernement doit penser de cet ordre universel.

Si cette expression un peu architecturale n'est pas trop déplacée sur les lèvres d'un ministre qui cherche encore sa demeure (*Rires*), il me semble que le ministère du travail est une large fenêtre à travers laquelle le Gouvernement tout entier aperçoit les travailleurs et non pas seulement les travailleurs présents, mais les travailleurs futurs, et les problèmes, non pas seulement dans leurs relations avec les travailleurs présents, mais dans leurs relations lointaines avec les travailleurs de demain. Et la question est de savoir ce qu'en regard des problèmes sociaux pensent le Gouvernement et le ministère du travail.

COLLECTIVITÉS CAPITALISTES ET COLLECTIVITÉS OUVRIÈRES EN PRÉSENCE

Messieurs, ici, dans cette enceinte et hors de cette enceinte, un malentendu formidable s'appesantit généralement sur les problèmes sociaux. En se retournant vers le passé, on aperçoit la Révolution française avec le droit individuel qu'elle a forgé de ses mains puissantes, de ses mains exaspérées contre la réaction économique des corps privilégiés et contre la réaction politique de l'ancien régime. Et, le regard ébloui par l'éclat qui se dégage de cette Révolution, on n'aperçoit pas toujours une autre révolution silencieuse, obscure, profonde, qui s'appelle la révolution économique. Par la concentration des capitaux entre quelques mains et par le développement du machinisme, sur le même champ de travail deux collectivités sont dressées : les intérêts capitalistes ont pris corps sous la forme de sociétés anonymes ; les intérêts ouvriers ont pris corps sous la forme de collectivités ouvrières qui, hélas! ne sont pas toujours des collectivités syndicales. Et alors, de ces collectivités ouvrières, peu à peu s'est dégagée une âme collec tive, peu à peu a surgi le droit collectif. C'est ici que le malentendu commence. Le droit collectif doit-il absorber, anéantir, dissoudre le droit individuel ? Je pense qu'il n'y a pas de régime qui se propose pour but l'abolition du droit individuel, l'anéantissement de cette liberté personnelle qui se rattache à l'essence de l'être humain. (*Vifs applaudissements.*) Je pense que si l'on regardait de plus près ces collectivités ouvrières, on verrait que les unités qui les constituent sont venues précisément demander à la puissance de l'action collective de décupler la puissance sociale de l'individu (*Nouveaux applaudissements*) ; que les hommes viennent précisément y défendre cette liberté personnelle, ce droit individuel, opprimés depuis un siècle par toutes les puissances sociales, financières et économiques, déchaînées sur la démocratie. (*Vifs applaudissements à l'extrême gauche et à gauche.*)

Et de ces collectivités, quelle est donc la revendication qui monte vers nous ? Messieurs, de moins en moins, le bruit des conflits politiques passera le seuil de cette Chambre, mais, de plus en plus, le bruit sinistre des conflits sociaux parviendra à vos oreilles. Quel est donc le conflit qui est d'ailleurs à la racine du monde et que personne ici ne doit ignorer ? C'est le conflit entre la misère et la propriété.

Quelques hommes de bonne foi s'avancent, et à l'évocation de la liberté s'imaginent qu'ils vont guérir tous les maux de la terre. La liberté dans l'ordre social et dans l'ordre politique est un mot magique qui fleurit sur toutes les lèvres, mais c'est par cela même un mot équivoque et qu'il faut tout de suite définir. (*Nouveaux applaudissements sur les mêmes bancs.*)

LIBERTÉ DANS LA SÉCURITÉ SOCIALE PAR LA PROPRIÉTÉ

Veut-on parler de la liberté politique? Où donc est le travailleur assez ignorant pour laisser choir de ses mains ce patrimoine glorieux, et assez ingrat pour oublier qu'aux heures tragiques de notre histoire, en 1830, 1848, ce sont les ouvriers qui, unis aux bourgeois, ont forgé par le fer et par le feu l'instrument moderne de notre souveraineté? Est-ce que la liberté de penser, la liberté d'écrire, si précieuses qu'elles soient, doivent être le terme dernier de l'évolution républicaine? Messieurs, les travailleurs eux aussi réclament la liberté, ils réclament la liberté sociale. Et s'il m'est permis d'emprunter à Louis Blanc, sous le patronage duquel le ministère du travail est placé, s'il m'est permis d'emprunter à mon illustre prédécesseur dans le cinquième arrondissement de Paris, la définition qu'il a donnée, la voici : « La liberté n'est pas seulement un droit, elle est un pouvoir. Elle est pour l'homme le pouvoir d'agir, le pouvoir de vivre, la certitude qu'il a que le lendemain sera pareil au jour d'aujourd'hui, la certitude qu'il aura ce que la Déclaration des droits de l'homme appelle la sûreté de l'individu, ce que les travailleurs appellent la sécurité sociale. »

Qu'est-ce que c'est que cette sécurité à laquelle mon ami M. Mougeot, dans son rapport hier, faisait une allusion éloquente? Par quoi est-elle constituée? Quel est son symbole éclatant, visible, tangible, saisissable? Où réside la sécurité sociale? Elle réside dans la propriété. (*Vifs applaudissements à gauche et à l'extrême gauche et au centre.*) Eh oui, la propriété est le bien suprême de l'homme! Elle assure à la personnalité humaine un libre développement ! Elle résume sous une forme concrète la quiétude de l'esprit, le repos du corps, toutes les distractions, tous les plaisirs, tous les bonheurs ! Oui, mais alors faisons d'elle un éloge moins bruyant ! Car près d'ici, il y a des millions d'hommes dont les yeux sont ouverts et qui voient, dont les oreilles sont ouvertes et qui entendent, qui tendent les mains non dans un geste de mendicité, mais dans une manifestation de justice pour appréhender quelques-unes de ces joies délicates dont la promesse séduisante est contenue dans la propriété. (*Applaudissements sur les mêmes bancs.*)

ENTRE RADICAUX ET SOCIALISTES. DÉSACCORD DOCTRINAL POUR L'AVENIR. MAIS ACCORD POLITIQUE POUR LE PRÉSENT

Comment donc se pose le problème et devant la majorité et devant le Parlement ? Ah ! il ne serait pas digne d'un grand parti comme le parti radical, il ne serait pas digne d'un grand parti comme le parti socialiste, et j'ajoute qu'il ne serait digne d'aucune des fractions de cette Chambre, solidaires après tout de la loyauté et du sérieux avec lesquels se posent les débats, d'esquiver la difficulté et de voiler le désaccord. En tout cas ce n'est pas moi qui, pour une minute ou pour une heure, par un jeu puéril de tribune, essayerai de jeter l'équivoque sur ce conflit.

Les socialistes affirment que la direction des faits et des choses leur permet de croire que, pour jouir individuellement de tous les biens de la terre, les hommes seront obligés de les appréhender sous la forme sociale. (*Applaudissements à l'extrême gauche et à gauche.*) Les radicaux affirment qu'après avoir donné à la liberté politique de l'État toutes les garanties par la reprise ou par le rachat des monopoles, ils veulent laisser à l'homme son initiative, son audace, toutes ses qualités personnelles, et que toute administration nouvelle des choses briserait le ressort même de la vie humaine.

Voilà le conflit! voilà le désaccord! La question n'est pas de savoir si ce soir, avant la fin de la séance, nous aurons résolu ce problème, qui sera tranché beaucoup moins par notre volonté que par l'action latente des choses. La question n'est pas de savoir si nous allons ici nous mettre d'accord au point de vue économique. La question parlementaire et politique est de savoir si, quel que soit le verdict de l'avenir, quelle que soit la vérité qui sortira du choc de ces hypothèses, quelque chose nous retient, qui nous empêche de marcher à la conquête des réformes sociales. (*Vifs applaudissements à gauche, à l'extrême gauche et au centre.*)

La question est de savoir si un désaccord doctrinal pour l'avenir doit empêcher ici un accord politique pour le présent. (*Nouveaux applaudissements sur les mêmes bancs.*)

QU'EST-CE QUI VOUS EFFRAIE ?

Et alors, je m'adresse à ceux qui semblent quelquefois timides et timorés dans le vote des réformes sociales ; je m'adresse aux députés qui sont en face de moi, et je leur parle moins comme à des députés que comme à des représentants politiques et historiques de cette grande bourgeoisie française qui, à certaines heures de son histoire, fut à la hauteur de sa mission humaine ; je m'adresse à des hommes comme M. Charles Benoist, honnêtes, épris de justice et d'idéal, mais qui sont arrêtés par je ne sais quelles barrières devant les revendications sociales.

Qu'est-ce donc qui vous effraye ? Ce qui vous effraye dans les revendications sociales, ce n'est pas ce qu'elles contiennent, c'est ce qu'elles annoncent, ce qu'elles présagent ; c'est ce cortège d'attitudes intransigeantes, de formules rudes, de violences, de paroles débordantes, c'est ce jaillissement perpétuel de pensées, c'est cet ébranlement général, cette fièvre universelle, qui semblent se communiquer à tout.

NOUS AVONS ÉTEINT DANS LE CIEL DES LUMIÈRES QU'ON NE RALLUMERA PLUS

Oui, mais alors, s'il y a une faute, à qui la faute ? Qui donc a créé l'œuvre révolutionnaire dont les conséquences apparaissent devant tous les regards ? Quelle est donc la main puissante qui a créé l'homme moderne avec tous ses désirs, toutes ses revendications, toutes ses audaces, toutes ses ambitions ?

Ah ! pour votre honneur historique, ne laissez pas dire que l'homme moderne est sorti tout entier de la seule situation économique, reprenez votre part et n'opposez pas à l'héritage glorieux des grands ancêtres la mesure pratique et injurieuse du bénéfice d'inventaire. (*Vifs applaudissements sur un grand nombre de bancs.*)

La Révolution française a déchaîné dans l'homme toutes les audaces de la conscience et toutes les ambitions de la pensée. Cela n'a pas suffi. La Révolution de 1848 a doté l'homme du suffrage universel, elle a relevé le travailleur courbé sur sa tâche et elle a fait du plus humble l'égal politique du plus puissant. Cela n'a pas suffi. La troisième République a appelé autour d'elle les enfants des paysans, les enfants des ouvriers et dans ces cerveaux obscurs, dans ces consciences enténébrées elle a versé peu à peu le germe révolutionnaire de l'instruction. Cela n'a pas suffi. Tous ensemble, par nos pères, par nos aînés, par nous-mêmes, nous nous sommes attachés dans le passé à une œuvre d'irréligion. Nous avons arraché les consciences humaines à la croyance. Lorsqu'un misérable, fatigué du poids du jour, ployait les genoux, nous l'avons relevé, nous lui avons dit que derrière les nuages il n'y avait que des chimères. Ensemble, et d'un geste magnifique, nous avons éteint dans le ciel des lumières qu'on ne rallumera plus ! (*Vifs applaudissements à gauche et à l'extrême gauche.*)

Voilà notre œuvre, notre œuvre révolutionnaire.

A L'HOMME QUE NOUS AVONS ARRACHÉ A LA FOI NOUS DEVONS LA JUSTICE

Est-ce que vous croyez que l'œuvre est terminée ? Elle commence au contraire, elle bouillonne, elle nous déborde. Qu'est-ce que vous voulez répondre, je vous le demande, à l'enfant devenu un homme qui a profité de l'instruction primaire complétée d'ailleurs par les œuvres postscolaires de la République, pour confronter sa situation avec celle des autres hommes? Qu'est-ce que vous voulez répondre à un homme qui n'est plus un croyant, grâce à nous, que nous avons arraché à la foi, à qui nous avons dit que le ciel était vide de justice (*Applaudissements à l'extrême gauche et à gauche*) quand il cherche la justice ici-bas ?

M. Lasies. — Très bien ! très bien !

M. le ministre du travail. — Que voulez-vous répondre à l'homme doté du suffrage universel, mais qui compare avec tristesse sa puissance politique à sa dépendance économique, et qui est humilié, tous les jours, comme le disait un écrivain qui n'était pas un socialiste, M. Émile de Laveleye, par le contraste qui fait de lui un misérable et un souverain ! Que répondre à ces hommes? Comment calmer leurs souffrances, comment apaiser leurs colères et leur douleur?

Quelle œuvre tenter ? Ici, l'œuvre déborde le Gouvernement, la législature, notre temps et notre époque. Ce n'est pas une raison pour ne pas la mesurer du regard et pour ne pas s'avancer vers elle. Tournez-vous vers la Révolution française : elle ne donne pas seulement des enseignements théoriques, elle est une perpétuelle leçon d'audace, de vaillance et de hardiesse. (*Applaudissements à gauche.*)

Rappelez-vous que toute doctrine humaine, si folle que d'abord elle nous apparaisse, contient toujours au moins une parcelle de vérité. Dites-vous que notre vie publique rendue déjà si misérable par les mille servitudes dont elle est tributaire, ne vaudrait vraiment pas la peine d'être vécue si nous n'en profitions pour accomplir un acte de solidarité sociale. Par l'action individuelle, c'est-à-dire par la propagande, réformez la conscience de l'homme afin qu'il soit digne de l'idéal qu'il porte en lui et, par l'action collective, c'est-à-dire par la loi, modifiez autour de lui les conditions matérielles de l'existence, afin qu'avant de mourir il puisse au moins toucher de la main toutes les réalités vivantes. Répondez à ceux qui disent que la hardiesse dans les réformes sociales précipite un pays dans la décadence économique et financière, qu'un pays n'est jamais en décroissance quand il augmente la valeur morale et la valeur sociale de ses enfants ! (*Applaudissements.*) Et, tous ensemble, socialistes et républicains, après avoir fait la réserve de notre idéal commun, accomplissons cette œuvre d'affranchissement et de justice en créant sur cette terre où nous aurons passé demain une telle accumulation de richesse humaine que soit rendu sans limites le double patrimoine de la patrie et de l'humanité ! (*Applaudissements vifs et répétés sur un très grand nombre de bancs. — M. le ministre, de retour à son banc, reçoit de nombreuses félicitations.*)

M. le président. — J'ai reçu trois demandes d'affichage du discours prononcé par M. le ministre du Travail.

La première est signée de MM. Jourde, Pajot, Colliard, Zévaès, Gabriel Baron, Cornand, Victor Fort, Normand, Ledin, Jules-Louis Breton, Pastre et Lenoir ; la deuxième, de MM. Derveloy, Chenavaz et Malvy ; la troisième, de MM. Ossola, Torchut, Féron, Rousé et Sénac.

Je mets aux voix l'affichage.

Il y a une demande de scrutin, signée de MM. Pajot, Baudon, Razimbaud, Pastre, Bachimont, Lafferre, Goujat, Pessonneau, Rajon, Gouzy, Rabier, Malvy, Magnaud, Regnier, Torchut, Antide Boyer, etc.

L'affichage est voté à une grande majorité.

IV

ENCORE LE MINISTÈRE DU TRAVAIL

La République humaine et fraternelle

DISCOURS PRONONCÉ AU SÉNAT

(*Séance du* 16 *novembre* 1906)

> Vous avez fondé la République parlementaire et politique, c'est bien. Voulez-vous qu'ensemble nous fassions la République humaine et fraternelle?

MESSIEURS,

Je m'excuse tout d'abord auprès du Sénat de paraître si tardivement devant lui alors que, par deux fois déjà, son ordre du jour a appelé des discussions auxquelles ma présence était nécessaire. Cependant je ne regrette pas que le conflit des devoirs parlementaires m'ait retenu loin de vos séances puisqu'il m'est permis aujourd'hui, pour notre première rencontre, de m'expliquer d'abord sur la création du ministère du Travail et de la Prévoyance sociale, sur le partage d'attributions qui en a été la conséquence, sur l'emploi des crédits sollicités, sur les intentions qui m'animent et sur l'attitude que j'entends garder. Par la simple énonciation des devoirs qu'ici j'envisage, il me semble que je ne puis pas apparaître comme un ministre qui veut se dérober aux difficultés ou se soustraire aux questions posées.

EXPLICATION LOYALE

J'ai toujours, en effet, pensé, messieurs, que, surtout en politique, la loyauté était la plus essentielle et la plus facile des vertus (*Très bien! très bien!*), que si, par des affirmations très nettes, un conflit pouvait être ouvert, ce conflit était préférable à l'équivoque et qu'en tout cas, l'estime réciproque pouvait survivre à la divergence de la pensée. (*Nouvelles marques d'approbation.*) Comme je tiens avant tout à votre estime, comme elle constitue l'élément le plus précieux de la confiance politique que le Gouvernement sollicite d'une majorité, c'est à justifier et à mériter votre estime que, dès les premiers mots, je vais essayer de m'employer.

L'honorable M. Rivet, fidèle aux amitiés anciennes, m'a tout à l'heure salué dès mon arrivée dans cette enceinte, par des paroles aimables, pour lesquelles je lui suis reconnaissant ; mais il me sera permis d'ajouter à sa présentation un mot qui est nécessaire.

JE SUIS SOCIALISTE

Vous savez ce que je suis et d'où je viens. Je suis

un socialiste qui, arrivé au pouvoir, entend rester fidèle à l'idéal de ses premières années civiques.

Et à la vérité, je ne comprendrais pas — si je me suis trompé, M. de Lamarzelle me rectifiera — qu'à ce sujet des paroles de récrimination ou de regret eussent dû être apportées.

Qu'est-ce qu'on attend donc de moi? Aimeriez-vous mieux être en face d'un homme qui, pour traverser plus allègrement le seuil du pouvoir, se fût allégé de ses idées anciennes, et qui, ayant trahi la confiance de ses commettants et de ses amis, aurait par surcroît l'audace de venir solliciter la vôtre? (*Très bien ! et applaudissements à gauche.*)

M. Dominique Delahaye. — J'aimerais mieux qu'il ne fût pas socialiste.

M. le ministre. — Monsieur le sénateur, les amertumes et les regrets que vous exprimez de votre banc pourraient peut-être trouver plus utilement leur place dans l'interpellation déposée par l'honorable M. Gaudin de Villaine, et qui peut porter sur la composition du cabinet et sur sa politique que cette composition lui impose.

UNION NÉCESSAIRE DE TOUS LES RÉPUBLICAINS

Je suis donc un socialiste, mais — ce n'est pas inconciliable — je suis en même temps un soldat dévoué de l'armée républicaine. Je n'ai pas attendu l'heure présente, et d'être en face des responsabilités du pouvoir, pour apporter dans la politique cette affirmation. Il y a sept ans, au milieu de ces épreuves inoubliables où le Sénat a grandi sa popularité républicaine, au risque de déchirements intimes et de ruptures éclatantes, en dépit des injures, des méfiances et des soupçons, nous avons rejoint l'armée démocratique, soutenu le grand ministre dont je salue ici la mémoire; tous ensemble nous avons couru aux remparts de la cité républicaine pour repousser l'agression de l'ennemi commun. (*Nouveaux applaudissements à gauche.*)

Si je rappelle ces épreuves du passé, ce n'est pas pour ajouter une polémique rétrospective aux polémiques de ce jour, c'est parce que de ces épreuves s'est détachée lumineuse et forte la leçon dont, quant à moi, j'entends conserver le profit. J'ai pensé, dès ce jour, que si l'union des républicains était indispensable pour la bataille, elle était aussi indispensable au lendemain de la bataille pour l'organisation. J'ai pensé, dès ce jour, que si l'union des républicains était un instrument puissant pour les combats, elle était aussi un instrument puissant pour les réformes, et, dès ce jour, à la mesure de mes forces, partout où les hasards de la propagande m'ont donné la parole, en affirmant mon idée propre, j'ai fait appel aux républicains et je leur ai demandé ce que je viens vous demander par une évolution méthodique et sûre, le front haut, le cœur tranquille, sur le même chemin, de marcher avec nous à la conquête de l'avenir. (*Vive approbation sur les mêmes bancs.*)

Voilà les conditions dans lesquelles je pénètre au ministère du Travail.

ACCORD POUR LES RÉFORMES SOCIALES

Je voudrais maintenant, en quelques mots répondre à l'honorable M. de Lamarzelle. Il y a, dans son discours, deux parts : la part faite à la question religieuse, à laquelle tout à l'heure je viendrai, et la part faite à la question politique.

L'honorable M. de Lamarzelle n'est pas un inconnu pour moi, et je ne suis pas un inconnu pour lui. Il sait le respect que j'ai pour son caractère et l'unité de sa vie. Il me permettra de lui dire cependant que, en vieux parlementaire, il s'est attardé à des ruses un peu puériles en essayant de mettre aux prises une partie du cabinet contre l'autre. Qu'a donc constaté M. de Lamarzelle ? Que je suis socialiste et que M. le président du conseil ne l'est pas. Et qu'importe ?

M. le président du conseil. — Je vous demande pardon ! j'ai la prétention d'être socialiste. (*Rires et applaudissements à gauche.*)

M. le ministre. — Alors j'enregistre votre adhésion.

M. de Lamarzelle. — M. le ministre du travail fait des conquêtes dont il ne se doutait pas.

M. le ministre. — Dans ces conditions, je pourrais considérer la question comme supprimée : je préfère cependant insister.

Qu'est-ce donc que représente ce Gouvernement ? Il est le reflet tout naturel de la majorité qui se trouve dans le pays, qui se trouve à la Chambre des députés, et qui, je l'espère, se retrouvera dans le Sénat. Que socialistes et républicains soient réunis dans ce Gouvernement, y a-t-il là de quoi vous étonner ?

La question qui se pose n'est pas de savoir si des affirmations doctrinales, des affirmations de théories qui se posent pour l'avenir, doivent aujourd'hui nous diviser, mais de savoir si, réserve faite d'un idéal et d'un avenir différents, pour le moment l'accord politique pour les réformes sociales ne doit pas comprendre tous les membres du Gouvernement et de la majorité.

COMMENT A ÉTÉ ORGANISÉ LE MINISTÈRE DU TRAVAIL

Les conditions politiques dans lesquelles j'arrive au ministère du Travail ayant été définies, je répondrai en quelques mots à la question si naturelle qu'au nom de la commission des finances, M. Prevet a bien voulu me poser.

Plusieurs sénateurs à gauche. — Non pas au nom de la commission des finances, en son nom personnel.

M. Magnin, *président de la commission des finances.* — M. Prevet a parlé au nom de quelques-uns de ses amis, mais non pas au nom de la commission des finances, dont il ne fait pas partie cette année.

M. le ministre. — Je demande pardon au Sénat d'avoir commis cette erreur, qui ne porte pas d'ailleurs sur le fond, car, qu'il l'ait posée en son nom ou au nom de la commission des finances, la question de M. Prevet n'en est pas moins intéressante et doit entraîner de ma part une réponse. (*Parlez !*)

Vous savez, messieurs, comment a été constitué le ministère du Travail ; il a été constitué par trois dessaisissements successifs opérés sur le ministère du Commerce, sur le ministère de l'Intérieur et sur le ministère des Travaux publics.

Le ministère du Travail, tout d'abord, se propose d'assurer une unité de gestion et de direction aux intérêts et aux droits des travailleurs libres, et j'indique par là que les intérêts des ouvriers et employés de l'État ne sont pas sous sa direction. Le ministère du Travail englobe toute la vie ouvrière, en distinguant en elle-même deux faces différentes. Voici, parexemple, un travailleur qui organise sa vie contre la concurrence des autres ; les services administratifs qui enveloppent ses efforts professionnels viennent ressortir à la direction du travail. Cette direction appartenait hier au ministère du Commerce, elle en a été détachée par un décret, et elle est la première base sur laquelle le ministère du Travail est assis.

Voici un travailleur qui organise sa vie contre l'invalidité et le chômage ; les services administratifs qui enveloppent ses efforts professionnels viennent ressortir à la direction de l'assurance et de la prévoyance sociales. Cette direction appartenait hier au ministère du Commerce ; elle en a été détachée par un décret, elle est la seconde base sur laquelle le ministère du Travail est définitivement constitué.

M. le ministre de l'Intérieur, diminuant son domaine pour accroître le mien, a doté le ministère du Travail du service de la mutualité. Que l'honorable M. Prevet se rassure ! Sous le toit du ministère du Travail le service de la mutualité gardera sa figure particulière et sa direction spéciale. Il viendra, en toute indépendance, à côté de l'assurance et de la prévoyance sociales, et j'imagine que tous ceux qui, dans cette enceinte, ont abordé le problème des retraites salueront ce rapprochement heureux comme une des réformes les plus utiles, les plus indispensables. (*Très bien ! très bien ! à gauche.*)

C'est par un dernier dessaisissement, opéré sur le ministère des Travaux publics qu'a été définitivement enrichi le ministère du Travail. Le ministre du Travail est responsable de l'application des lois ouvrières dans les mines. J'ai dit que je ne prendrais pas cette responsabilité si je n'avais en même temps l'autorité, et que je n'aurais pas cette autorité tant qu'à l'égard des ingénieurs des mines mis à la disposition du ministère du Travail je ne serais pas armé de sanctions efficaces.

D'un commun accord, il a été décidé que pour qu'un ingénieur des mines pût avancer, il faudrait que sur l'arrêté qui portera sa promotion fût apposée la double signature du ministère des Travaux publics et la mienne. Il a été, en outre, décidé qu'une concession ne pourrait être accordée sans cette double signature, par cette raison bien simple qu'à toute concession est attaché un cahier des charges, et qu'il est naturel que sur ce cahier des charges le ministre du Travail soit consulté. (*Approbation.*)

Messieurs, vous voyez que le dessaisissement opéré sur le ministère du Commerce a contribué à détacher deux directions définitivement ; que le dessaisissement opéré sur le ministère de l'Intérieur a contribué à détacher une direction à titre définitif ; mais que le dessaisissement opéré sur le ministère des travaux publics n'a pas entraîné une scission aussi nette.

Je suis responsable, en effet, de l'application des lois ouvrières dans les usines, mais M. le ministre des Travaux publics reste chargé de la sécurité des mines et du recrutement technique des ingénieurs.

L'honorable M. Prevet me semble sinon avoir visé ces cas, du moins en avoir visé d'autres, en craignant qu'un pareil partage d'attributions ne soit périlleux et qu'on ne puisse le considérer comme dommageable pour l'administration des choses ou pour la direction des personnes. On peut, en effet, redouter que ce contact n'engendre le conflit, que le conflit n'engendre la querelle et que cette querelle aiguë et permanente ne soit nuisible non seulement à l'action des réformes, mais aussi à cette grande œuvre nationale à laquelle M. Prevet sait que nous sommes tous attachés.

Je pourrais d'abord répondre que la bonne volonté des deux ministres est un sûr garant que ces conflits ne seront pas recherchés ; que s'ils se produisent, c'est qu'ils seront contenus dans la fatalité des choses, c'est-à-dire inhérents à la vie et consécutifs à l'action ; qu'en tout cas, de ces conflits le conseil des ministres d'abord, le Parlement ensuite, seront les juges suprêmes, et qu'après tout, il ne faut pas trop sacrifier à cette tendance fâcheuse en matière de gouvernement, au nom de laquelle on voudrait qu'un ministre soit enfermé dans son département ministériel comme dans une citadelle imprenable. Il faut que cette citadelle soit une ville ouverte ; il faut qu'entre les différents départements ministériels s'instituent des rapports nombreux, car, par là, M. Prevet avait raison de le dire, seront communiqués plus d'harmonie à l'action ministérielle et plus d'homogénéité à la volonté du Gouvernement.

Je me suis donc expliqué sur les attributions pratiques du ministère du Travail. L'honorable M. Prevet a soulevé bien d'autres questions. Il m'a interrogé très courtoisement sur les attributions du ministère du Commerce, sur ses relations avec le ministère des Affaires étrangères et avec le ministère de la Marine. Le Sénat veut-il me permettre de rester uniquement attaché au ministère du Travail et de réserver la réponse à ces questions à M. le ministre du Commerce lui-même, qui m'a prié de l'excuser auprès du Sénat, car il est actuellement retenu à la Chambre des députés par la discussion très urgente du traité franco-suisse ? Il se propose, à l'une de vos prochaines séances, de se tenir à la disposition du Sénat pour répondre aux questions si naturelles qui peuvent lui être posées.

LE MINISTÈRE DU TRAVAIL N'A PAS POUR RÔLE DE FAIRE LA RÉVOLUTION SOCIALE, MAIS DE RÉFORMER ET COORDONNER LES LOIS OUVRIÈRES.

Cela dit, j'arrive à définir la double tâche qui me paraît imposée au ministère du Travail. Cette tâche est, à la fois, extérieure au Parlement et parlementaire.

Le ministère du travail, ainsi que je l'ai dit à la Chambre des députés, n'est pas fondé pour absorber toutes les puissances de l'État ; il n'est pas fait pour faire la révolution sociale ni même pour résoudre la question sociale ; c'est avant tout un ministère d'études et d'enquêtes, c'est un ministère qui doit coordonner la législation ouvrière et la rendre plus adéquate à la législation générale.

Il doit aussi préparer les réformes sociales, et j'entends par là non pas seulement que le ministère du Travail doive compulser des textes, des documents et des livres, mais que, penché sur les travailleurs, essayant d'apercevoir les moindres mouvements dans ces masses tour à tour révoltées et silencieuses, essayant d'en distinguer les besoins, il doit apporter les satisfactions nécessaires aux revendications légitimes et être l'avocat officiel et l'intermédiaire naturel des travailleurs auprès des législateurs.

LES SYNDICATS

Messieurs, nous maintenons, vous le savez, la charte syndicale telle que la loi de 1884 l'a fixée.

Nous étendons les capacités des syndicats au profit de ces syndicats qui sont des écoles de pondération, de sagesse, de mesure (*Rumeurs sur plusieurs bancs*) et dans lesquels les travailleurs... (*Bruit et interruptions.*)

M. Dominique Delahaye. — Murmures au centre !

M. le Ministre. — Que veulent dire vos murmures, messieurs ?

Il ne faut pas commettre d'erreur ; il ne faut pas confondre un énergumène avec un parti et une affirmation téméraire avec un corps de doctrine ! (*Très bien! très bien! et applaudissements à gauche.*)

Je dis que les syndicats sont une école de pondération et de mesure et que les travailleurs y prennent le souci des responsabilités. (*Nouvelle approbation sur les mêmes bancs.*)

M. Touron. — Il ne faut pas dire que le syndicat est une école de pondération !

M. le Président du conseil. — Quand vous étiez à l'école, le premier jour avez-vous eu le premier prix ?

M. Touron. — Depuis 1884 qu'ils y sont, à l'école, ils sont longs à faire leur éducation.

M. le Président du conseil. — Il faut du temps au peuple pour s'instruire.

M. le Ministre. — Si c'est une question de calendrier, je n'insiste plus. (*Sourires.*)

Messieurs, nous allons faire disparaître du code pénal les articles 414 et 415, ces dispositions exorbitantes du droit commun qui prévoient les atteintes portées à la liberté du travail.

Nous allons les faire disparaître (*Légères rumeurs*) — ne murmurez pas, messieurs, — par un geste bien tardif, car déjà — votre vénéré doyen s'en souvient, — en 1864, au Corps législatif, c'étaient

Jules Simon et Jules Favre qui s'emportaient éloquemment contre ces exceptions. (*Très bien ! très bien !*)

Et puis, messieurs, nous allons préparer ces réformes sociales, qui, croyez-moi, sont encore le meilleur contrepoids aux effervescences, aux irritations et aux violences. (*Très bien ! très bien !*)

LA VIOLENCE DES TRAVAILLEURS

On a parlé de la violence — c'est l'honorable M. de Lamarzelle — et il me semble bien que l'interruption de M. le sénateur Touron, qui n'est pas parvenue jusqu'à moi, voulait peut-être exprimer la même idée.

Les travailleurs sont violents.

Ah ! monsieur de Lamarzelle, je n'ai sur vous qu'une supériorité, mais permettez-moi de la revendiquer avec fierté. Il est facile ici, dans une assemblée paisible et tranquille, de venir flétrir la violence ! La violence, je l'ai vue, moi, face à face ; j'ai été, pendant des jours et des jours, au milieu de milliers d'hommes qui portaient sur leur visage les traces d'une exaltation effrayante. Je suis resté au milieu d'eux, poitrine contre poitrine et les yeux dans les yeux.

Comme en 1899, au Creusot, où, pendant une semaine, j'ai maintenu, sans la laisser fléchir, mon opinion personnelle, au milieu de l'effervescence de huit mille hommes, et où j'ai fini par la faire triompher, j'ai souvent fait entendre, avec succès, des appels à la modération et au calme, et à ces réserves de noblesse et de dignité humaines, qui, croyez-le, sont toujours au fond de la conscience des travailleurs. (*Très bien! très bien!*)

Vous avez parlé des violences de la Révolution. Si je voulais ressusciter ici une polémique historique, je vous demanderais dans quelle mesure les violences de la Révolution n'ont pas été occasionnées par les violences des Vendéens. (*Vives protestations à droite. — Très bien! très bien! et applaudissements à gauche.*)

M. Dominique Delahaye. — Soyons sérieux! (*Réclamations à gauche.*)

M. le Ministre. — Mais laissons, si vous voulez, de côté....

M. de Lamarzelle. — Voulez-vous me permettre un mot, monsieur le ministre? Je n'ai pas porté d'appréciation sur les violences de la Révolution. J'ai dit que, dans votre discours, vous déclariez qu'il fallait user de violence.

Vous avez fait appel aux moyens pratiques de la Révolution.

M. le Ministre. — Messieurs, je suis tout à fait disposé à reconnaître qu'il ne suffit pas de demander aux ouvriers la mesure et la pondération, qu'il ne suffit pas de leur apporter des réformes sociales considérées comme contrepoids aux irritations et aux violences, et que ce langage ne peut être entendu qu'à la condition que, par leur conscience, ils soient rattachés à un idéal et à un principe supérieur; et c'est ici que je me rencontre avec l'honorable M. de Lamarzelle.

Il ne saura jamais à quel point je lui suis reconnaissant de m'avoir, par son intervention, fourni l'occasion, tout en maintenant intégralement les paroles que j'ai prononcées dans une autre enceinte, de répudier les commentaires habiles, les malentendus volontaires qu'au dehors de cette enceinte, dans un intérêt facile à comprendre, ses amis ont créés.

CROYANCES ÉTEINTES

Je n'ai jamais dit, parlant au nom du Gouvernement, que ce gouvernement fût irréligieux, qu'il fût prêt à inaugurer dans la France une politique irréligieuse ; et, comme il s'agit ici d'une question de fait, c'est-à-dire de la lecture d'un discours, j'imagine que nous sommes dans une de ces discussions où les hommes de bonne foi de tous les partis peuvent s'entendre.

Qu'ai-je dit? Je parlais aux héritiers historiques de la Révolution française, aux héritiers politiques de cette grande bourgeoisie qui, à de certaines heures, a été à hauteur de sa mission humaine, et je rappelais que la Révolution française avait déchaîné les audaces de l'homme ; que la seconde République avait donné le suffrage universel, c'est-à-dire la puissance politique ; que la troisième République avait donné l'instruction, c'est-à-dire la libération intellectuelle, et j'ajoutais que cette œuvre admirable demeurerait inachevée si on n'y ajoutait un complément social.

Poursuivant l'évolution de mon idée, je disais que nos pères et nos aînés, dans le passé, s'étaient attachés à une œuvre d'anticléricalisme et d'irréligion.

Qu'est-ce que je constatais alors, sinon que, depuis l'Encyclopédie, et à travers tout le dix-neuvième siècle, un grand souffle d'incrédulité a passé sur la France? Qu'est-ce que je constatais, sinon que les consciences avaient été arrachées à la religion, par une propagande qui ne m'est pas personnelle?

M. Dominique Delahaye. — Elle vient de la franc-maçonnerie !

M. le Ministre. — Car ce n'est pas moi, chétif orateur, qui puis avoir la prétention d'accomplir cette œuvre. Mais j'ai dit que, du moment où les consciences étaient ravies à une croyance, que cet idéal étant éteint... (*Bruits à droite.*)

M. l'amiral de Cuverville. — Il n'est pas éteint !

M. le Ministre... — Il fallait lui substituer une autre croyance.

M. Dominique Delahaye. — La croyance en M. Briand !(*Bruit.*)

M. le Ministre. — Que quelques personnes l'ignorent, soit; mais que M. de Lamarzelle ne le sache pas, voilà ce qui m'étonne et ce qui me peine.

M. l'amiral de Cuverville. — Nos croyances ne sont pas éteintes, sachez-le bien !

A LA RELIGION DIVINE NOUS OPPOSONS LA RELIGION DE L'HUMANITÉ

M. le Ministre. — J'ai développé là une idée qui m'est familière, que j'ai exprimée en 1901, à la Chambre des députés, dans un discours que j'ai prononcé sur les associations, discours que M. de Lamarzelle connaît bien, auquel il a répondu et qu'il m'a même fait l'honneur de citer à cette tribune. C'était le moment où à la religion divine j'opposais non pas le néant, mais la religion de l'humanité.

M. Dominique Delahaye. — Ce sont là des mots vagues, et rien de plus. (*Protestations à gauche.*)

M. le Ministre. — Monsieur le sénateur, je n'ai interrompu aucun des orateurs qui se sont succédé à cette tribune. M. de Lamarzelle, auquel je réponds, et qui aurait peut-être quelque excuse de m'interrompre, ne le fait pas ; je prie ceux qui tout à l'heure sont restés muets de vouloir bien me conserver le bénéfice de leur silence. (*Applaudissements à gauche.*)

M. le Président. — Il semble d'ailleurs, monsieur Delahaye, que M. de Lamarzelle peut suffire à sa tâche. (*Très bien ! très bien !*)

M. le Ministre. — Je disais qu'il était inutile de remonter si loin et si haut.

Dans le discours même dont vous avez entrepris la réfutation et la critique, dans ce discours dont on ne peut pas isoler une phrase, mutiler l'esprit, dont toutes les parties se tiennent, qu'est-ce que je disais ?

Comment ! lorsque je me mets en face des travailleurs, dont j'ai toute ma vie dédaigné d'être le courtisan (*Très bien à gauche !*), quand je leur dis que leurs souffrances sont émouvantes, mais qu'elles ne les autorisent pas à employer la violence ; quand je leur dis que leurs tourments ne sont pas inutiles, que les larmes elles-mêmes sont fécondes, que le père doit souffrir pour libérer de la douleur son enfant ; quand je rattache à travers le temps et l'espace les hommes aux hommes, les générations aux générations ; quand je sacrifie par avance l'individu périssable à la race immortelle, est-ce que je n'essaye pas d'ennoblir la souffrance humaine ? (*Applaudissements à gauche.*)

Est-ce que, du haut de la tribune, je ne propose pas au travailleur un idéal de courage, de désintéressement et de fierté ? Cet idéal, vous m'avez fait dire et l'on a dit au dehors qu'il se confondait avec les joies terrestres, on m'a représenté comme appelant tous les hommes à la jouissance presque bestiale de tous les biens.

Si même j'avais pris cette attitude, elle serait infiniment plus honorable que celle de ces pharisiens que l'on rencontre de par le monde, qui retiennent pour eux toutes les joies matérielles de la vie (*Vifs applaudissements à gauche*), en se réservant de recommander aux autres des explorations dans l'azur. (*Nouvelles marques d'approbation sur les mêmes bancs*).

Vous avez dit que mon idéal, c'était celui que Guizot avait affirmé et que j'avais appelé tous les hommes à devenir propriétaires. J'imagine qu'aucun de vous ne s'effraye de cet idéal et que l'Église, qui se dit idéaliste, n'a pas encore répudié sa propriété (*Mouvements divers.*)

Alors, à quoi faut-il que je réponde ? Notre idéal à nous est inspiré par la raison et la conscience. Que dites-vous ? Que notre raison est faillible, que notre conscience est fragile. Nous le savons, il n'est pas nécessaire d'avoir vieilli, il suffit d'avoir vécu, d'avoir travaillé, d'avoir lutté pour avoir vite fait le tour des misères humaines.

Mais nous, nous les portons debout ; nous ne nous agenouillons pas devant elles ; nous tenons à notre idéal qui vient de notre conscience, de notre raison, qui existent au moins, qui sont perpétuellement perfectibles, et cet idéal, messieurs, vaut bien aussi cet idéal religieux qui s'alimente à la résignation et qui, en tout cas, n'a jamais épargné à la terre ou un crime ou une injustice ou une douleur !

M. Dominique Delahaye. — Cela, c'est une contre-vérité !

M. Le Çour Grandmaison. — Les crimes ont augmenté !

LES RÉFORMES A RÉALISER

M. le Ministre. — Messieurs, puisque c'est nous qui sommes chargés d'inaugurer l'œuvre de justice, puisque c'est nous qui sommes chargés d'alléger la misère de tout l'effort de la solidarité humaine, il faut bien que nous nous entendions sur les réformes à réaliser.

Je viendrai devant vous, ainsi que je l'ai déjà dit devant la Chambre des députés, et je demanderai tout d'abord à la Commission des retraites ouvrières, avec une fermeté respectueuse, de vouloir bien hâter l'éclosion de la proposition de loi soumise à son examen ; je vous demanderai ensuite de la discuter et, pour moi, la permission de la soutenir avec les principes essentiels sur lesquels elle repose, y compris, bien entendu, le principe de l'obligation.

Je vous demanderai ensuite de recevoir, dès qu'il sera sorti de la Chambre des députés, le projet de loi portant sur la durée des heures de travail et de réserver bon accueil au projet de loi relatif au contrat de travail collectif.

Mais il ne s'agit pas ici, messieurs, d'engager par un débat prématuré le sort de ces réformes ; il ne s'agit même pas de se livrer à une nomenclature ou à une énumération. La question qui se pose est de savoir comment vous devez voter ces réformes et quel est le principe supérieur qui, permettez-moi de vous le dire, vous impose ce vote.

PAR JUSTICE SOCIALE

On a dit souvent qu'il fallait faire quelque chose pour le peuple, et que si la bourgeoisie prenait conseil de ses intérêts immédiats, elle consentirait à d'utiles et d'opportunes concessions. C'est là une méthode injurieuse pour des législateurs, injurieuse pour des travailleurs. Les lois ne sont pas des oboles dont les législateurs puissent disposer à leur gré, et au surplus les travailleurs ne sont pas des mendiants.

On a dit, qu'emportés par un moment de gratitude envers ces ouvriers du passé qui, unis aux bourgeois, ont fondé l'ordre moderne; envers ces ouvriers d'aujourd'hui, qui ont formé la garde du corps de la République, vous deviez apporter des réformes : mais la générosité et la gratitude, qui purifient et embellissent l'âme humaine, ne sont pas la source où l'action législative puisse venir s'alimenter. Une loi doit être proposée et votée lorsque seulement la justice sociale l'impose.

Où donc est la justice ? Où donc est-elle, si elle n'est pas dans cette République qui est son symbole éclatant ? Rien qu'en surgissant parmi les hommes, la République a apporté avec elle des promesses dont le rayonnement dure encore, et que vous ne laisserez pas protester.

QU'EST-CE QUE LA RÉPUBLIQUE ?

Qu'est-ce donc que la République ? A quoi pensaient autrefois les hommes qui la saluaient dans leurs rêves ? A quoi pensaient ces hommes dont parlait

Michelet, dans une page admirable, lorsqu'ils marchaient au supplice ignominieux et glorieux en embrassant du même regard aigu et profond à la fois la mort et l'avenir ? A quoi pensiez-vous vous-mêmes lorsque vous avez développé les institutions républicaines dans ce pays ?

Est-ce qu'il suffira que la République soit une forme politique, supérieure aux autres formes politiques? Suffira-t-il qu'elle ait étendu le droit de contrôle du citoyen et accru la liberté de la parole ? la liberté de la pensée ? Suffira-t-il qu'elle soit dotée d'une constitution, d'un pouvoir exécutif, d'un pouvoir législatif ? Mais cela, c'est l'armature extérieure de la République. Qu'y a-t-il dedans ? Il y a les espérances qu'y ont placées ces millions d'hommes que les révolutions politiques ont arrachés à la résignation religieuse et à la passivité sociale. (*Très bien! très bien! à gauche.*) Que demandent ces hommes et qu'est-ce pour eux que la République ? Elle n'est pas pour eux un but, mais un moyen ; elle est le perpétuel bouillonnement des pensées et l'éternelle évolution des choses, elle est l'expression politique et sociale de la démocratie, elle ne doit pas seulement aux citoyens des garanties pour leurs droits abstraits, mais des satisfactions nouvelles et matérielles. (*Très bien ! Très bien !*)

Voilà la République ! Ah ! je le sais, lorsqu'elle a surgi de ce territoire envahi et démembré par l'invasion, elle était tellement tremblante et débile, qu'à peine on pouvait lui demander de vivre, et c'était beaucoup. Lorsque vous l'avez défendue contre les orages et les passions, elle était encore si frêle et si délicate, qu'à peine on pouvait lui demander de prospérer, et c'était beaucoup. Aujourd'hui elle est fondée, elle est inattaquable, il ne s'agit plus de la défendre, ou, s'il faut la défendre, ce n'est pas en frappant les factieux à la tête, c'est en l'organisant, c'est en la faisant mieux aimer. (*Nouvelles marques d'approbation à gauche.*)

Je m'adresse aux vieux républicains que je vois en face de moi, et je leur parle avec cette gratitude dont déjà je faisais part à la Chambre des députés et qui est si naturelle dans le cœur d'un homme qui a trouvé la République toute faite et qui n'a reçu d'elle que des sourires et des faveurs. (*Très bien ! Très bien !*) Je m'adresse à ces vieux républicains : il n'en est pas un d'entre eux, du plus humble au plus illustre, qui n'ait apporté toute une vie de dévouement et de désintéressement à la République. Qu'ils se retournent vers leur passé, qu'ils ne reculent pas devant les rêves et les espérances qui ont enchanté leur jeunesse! Messieurs, vous avez fondé la République parlementaire et politique, c'est bien. Voulez-vous qu'ensemble nous fassions la République humaine et fraternelle? (*Applaudissements répétés sur un grand nombre de bancs. — L'orateur en regagnant son banc reçoit les félicitations de ses collègues du ministère et de nombreux sénateurs.*)

TABLE DES MATIÈRES

11-7-07. — Tours, imp E. ARRAULT et Cie.

www.ingramcontent.com/pod-product-compliance
Ingram Content Group UK Ltd.
Pitfield, Milton Keynes, MK11 3LW, UK
UKHW020341230726
13925UKWH00003B/906

9 782019 208264